Dr. med. Thomas Weiss

Fibromyalgie

Das erfolgreiche Ernährungsprogramm

Reizdarm und andere Fibromyalgie-Beschwerden durch richtige Ernährung lindern – mit dem wissenschaftlich überprüften Stufenprogramm.

südwest

Mit dem 4-Stufen-Ernährungsprogramm gelingt es, einen gereizten Magen und Darm zu beruhigen und Beschwerden deutlich zu lindern.

Inhalt

Mit Bittertees lässt sich die Lust auf Süßes gut in Griff bekommen.

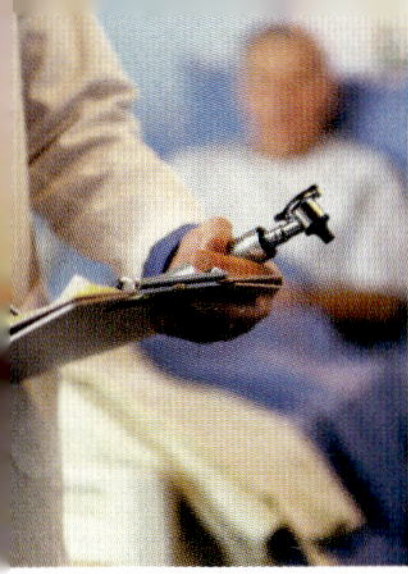

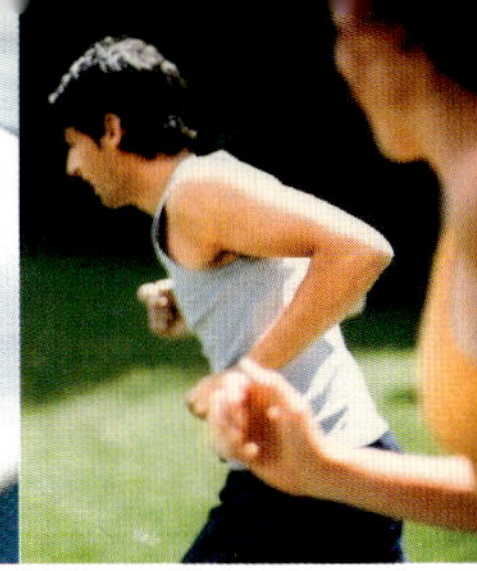

Rezepte bei Fibromyalgie 46

Wer sich zunächst konsequent an die Ernährungsumstellung hält, wird bald wieder Spaß am Kochen und vor allem am Essen bekommen.

Die Gemüsepaella mit Reis, Paprika, Möhren und Porree zählt zur zweiten Stufe des Ernährungsprogramms.

Ein Kochbuch für Fibromyalgie-Patienten?

Was, so fragt man sich, hat die Nahrung mit einer chronischen Schmerzerkrankung zu tun? Kann es gar einen Zusammenhang zwischen der Ernährung und Krankheiten wie Migräne, Reizmagen, Reizdarm oder prämenstruellem Syndrom geben? Um die Antwort vorwegzunehmen: Es gibt diesen Zusammenhang! Nicht nur die Liebe, sondern auch ein großer Teil der Gesundheit geht tatsächlich durch den Magen.

In diesem Buch geht es fast ausschließlich um das Thema »Ernährung bei Fibromyalgie«. Allgemeine Informationen finden sich in den Gesundheitsratgebern »Fibromyalgie«, »Die 100 wichtigsten Fragen zu Fibromyalgie« und »Fibromyalgie-Programm«, die im Südwest Verlag erschienen sind.

Ernährungsumstellung

Dieses Buch schließt sich an mehrere andere Ratgeber zum Thema »Fibromyalgie« an. Viele Betroffene und Patienten aus meiner Praxis haben den dort empfohlenen Weg der Selbsthilfe beschritten. Das einstimmige Urteil ist: Ein entscheidendes Element der Selbsthilfe ist die Ernährungsumstellung. Auch in mehreren Studien mit Patienten und Mitgliedern von Selbsthilfegruppen konnte diese Tatsache wissenschaftlich belegt werden. Diese Art der Ernährungsumstellung erweist sich für die meisten Patienten als bedeutender, ja als wichtigster Schritt, sich selbst zu helfen.

Hilfe für jeden Tag

Allerdings fragten viele Leser und Patienten, wie man die Ernährungsumstellung konkret umsetzen kann, welche Rezepte man nachkochen soll. Auf der Basis einer überprüften Ernährungsumstellung findet sich nun in diesem Buch eine Sammlung von Rezepten, die mit abwechslungsreichen und schmackhaften Gerichten den Weg zu einer vernünftigen Ernährung erleichtert. Es geht bei diesen Rezepten nicht um »gesunde« Ernährung allgemein. Dazu gibt es schon viele Bücher über Vollwertkost.

Für Leidgeplagte

Dieses Buch wurde für Menschen geschrieben, deren Verdauungsorgane so gereizt und irritiert sind, dass sie mit der »an sich« gesunden Nahrung nicht gut zurecht kommen. Für viele gilt, dass es dem Bauch umso schlechter geht, desto gesünder man sich ernährt. Grobes, Rohes oder Frisches führt dann zu heftigen Blähungen oder Bauchschmerzen. Viele Menschen können sich also nicht unmittelbar »gesund« ernähren. Sie benötigen eine Phase des Ausheilens und ein anschließendes »Trai-

Info

Die Rezepte in diesem Buch eignen sich auch für alle Menschen, die ihr Gewicht erfolgreich reduzieren oder einfach etwas für die eigene Gesundheit tun möchten.

ningsprogramm« für den Verdauungstrakt. Es ist wie beim Sport: Nach einer Verletzung benötigt man eine Phase der Schonung und anschließend einen Belastungsaufbau in kleinen Stufen. Solch ein Programm der Schonung und des Trainings wird hier für den Magen-Darm-Trakt beschrieben. Das Programm richtet sich somit an alle Menschen, deren Magen und Darm gereizt sind. Bei Patienten mit Fibromyalgie-Syndrom ist das fast immer der Fall. Allerdings ist der Kreis der Patienten mit Verdauungsbeschwerden weitaus größer. Nicht nur beim Reizmagen und Reizdarm, auch bei vielen anderen Krankheitsbildern, die man als funktionelle Störungen (siehe Seite 12) zusammenfasst, finden sich meist Störungen im Verdauungssystem. Auch für diese ist dieses Ernährungsprogramm geeignet.

Wohlbefinden ist das Ziel

Wenn Sie Ihre Ernährung umstellen möchten, sprechen Sie dies mit einem Ernährungsberater und Ihrem Arzt ab. Dies gilt insbesondere, wenn bei Ihnen schwer wiegende Krankheiten vorhanden sind.

Am Ende des Nahrungsaufbaus wird es Magen und Darm deutlich besser gehen. Völlegefühl, Sodbrennen, Blähungen, Bauchschmerzen lassen fast immer nach, Durchfall und Verstopfung sind ganz oder weitgehend überwunden. Vor allem aber nimmt das Wohlbefinden deutlich zu, der Schlaf vertieft sich, und Wassereinlagerungen gehen zurück. Die Rezepte sind so geschrieben, dass man überflüssige Pfunde leicht verliert. Falls Ihnen das recht ist, dürfen Sie sich bald über einen erheblichen Gewichtsverlust freuen. Falls nicht, empfehlen wir, die Mengen an Butter, Sahne oder Öl etwas zu erhöhen, als in den Originalrezepten vermerkt ist.

Ganzheitlich betrachtet

Ernährung ist ein wichtiger Baustein für ein gesundes Leben. Aber er ist natürlich nicht der einzige. Viele Krankheiten benötigen zahlreiche Therapie-Elemente. Bezüglich des Fibromyalgie-

Multi-modulare Konzepte für Fibromyalgie

Physiotherapie (Krankengymnastik, Massagen)

Physikalische Medizin (Wärme- und Kälteanwendungen)

Medikamentöse Behandlung

Bewegungsaufbau

Entspannungstherapie

Psychotherapeutische Maßnahmen

Selbsthilfe

Syndroms sind nur multi-modulare Konzepte Erfolg versprechend, wie sie bereits in den Südwest-Ratgebern »Fibromyalgie« und »Fibromyalgie-Programm« erläutert wurden.

Zum Aufbau dieses Buchs

Im ersten Teil des Buchs geht es um die theoretischen Grundlagen. Hier gibt es neue Erkenntnisse. Sie kommen insbesondere aus der Psycho-Neuro-Endokrinologie und erklären, dass es einen Zusammenhang zwischen Seele, Nervensystem und hormoneller Steuerung gibt. Man erfährt, wie es um diese Wechselbeziehungen bestellt ist. Mit diesem Wissen gerüstet, kommt man auch leichter über die eine oder andere Durststrecke am Anfang der Umstellung. Im zweiten Teil dieses Buchs folgen die Rezepte, mit denen Sie stufenweise eine Ernährungsumstellung vornehmen können. Sie zeigen, wie man Reizungen im Magen-Darm-Trakt überwindet. Am Anfang steht eine Phase der Schonung und Ausheilung. Sie dauert in der Regel zwei Wochen. Anschließend beginnt eine etwa vierwöchige Aufbauperiode, in der man stufenweise zu einer gesunden Kost hingeführt wird, da diese sonst unverträglich wäre.

Info

Nur eine umfassende Therapie (multi-modular) führt bei Fibromyalgie zum Erfolg.

Beschwerden ohne Befund

Seit mehreren Jahrzehnten suchen immer mehr Patienten die Arztpraxen auf, da sie unter »merkwürdigen« Beschwerden leiden. Sie klagen über Abgeschlagenheit, Müdigkeit, verschiedenartige Schmerzzustände, Störungen der Atmung, Verdauung oder Blasenfunktion, Schlafstörungen, Stimmungsschwankungen, Missempfindungen und andere Symptome.

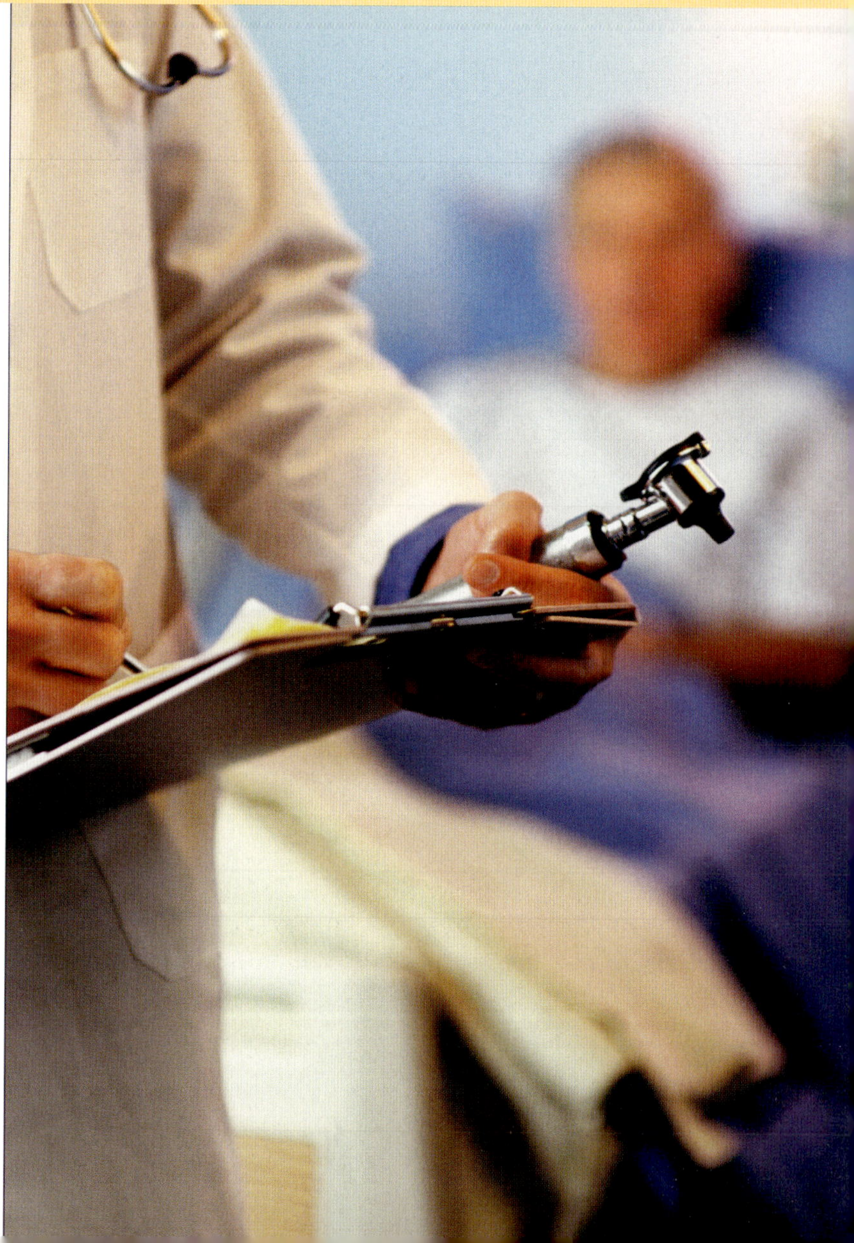

Wenn sich Ihnen Fragen aufdrängen, wie: Was stimmt mit mir und meinem Körper nicht?, Mache ich etwas in meinem Leben falsch?, Stimmt vielleicht etwas mit meiner Umgebung nicht?, Leide ich an einer schleichenden Vergiftung?, dann sollten Sie Ihre eigene Verdauung unter die Lupe nehmen.

Keine eindeutigen Symptome

Gemeinsam ist bei vielen Patienten der große Widerspruch zwischen ausgeprägtem Leiden und geringem Befund. Das bedeutet, dass der Arzt kaum eine Erklärung für die starken Beschwerden findet. Auch Röntgenbilder, Laboruntersuchungen und andere technische Diagnostik bringen keine eindeutigere Klärung der Symptome. Die betroffenen Patienten erhalten daher die Mitteilung, organisch sei alles in bester Ordnung. Wenn sich kein Befund ergibt, stellt sich selbstverständlich auch die Frage nach möglichen seelischen Ursachen. Unzweifelhaft beeinflusst unser Seelenleben praktisch alle Vorgänge im Körper. Dennoch erscheint den meisten Patienten ein seelischer Konflikt als Ursache der Beschwerden unwahrscheinlich zu sein.

Eine umfangreiche Diagnostik hat gelegentlich auch negative Folgen. Man fördert Belangloses zu Tage, was fälschlicherweise für die Beschwerden verantwortlich gemacht wird. Hieraus können sich lange Irrwege ergeben.

Unspezifische Beschwerden

Antriebsminderung	Ohrgeräusch (Tinnitus)	Trockene Augen
Atembeschwerden	Periodenschmerzen	Trockene Schleimhäute
Blähungen	Prämenstruelles Syndrom	Trockener Mund
Blutzuckerabfall	Reizbarkeit	Vermehrte Schweißneigung
Carpaltunnelsyndrom	Ruhelose Beine	Verschwommenes Sehen
Diffuse Rückenschmerzen	Schlafstörungen	Verstopfung
Durchfall	Schluckbeschwerden	Völlegefühl
Herzrhythmusstörungen	Schmerzen in Kiefergelenk	Wassereinlagerungen
Kloßgefühl im Hals	Schwindel	Zahnschmerzen
Konzentrationsstörungen	Sodbrennen	Zittern
Muskelschmerzen	Stimmungsschwankungen	
Nachtschweiß	Taubheitsgefühl der Haut	

Chronisch funktionelle Erkrankungen

Wenn man unter chronischen Schmerzen, Abgeschlagenheit, Schlafstörungen, Leistungs- und Konzentrationsschwäche, Müdigkeit, Durchfall, Verstopfung oder Reizblase leidet, bildet man sich solche Beschwerden nicht ein, sondern man ist tatsächlich krank.

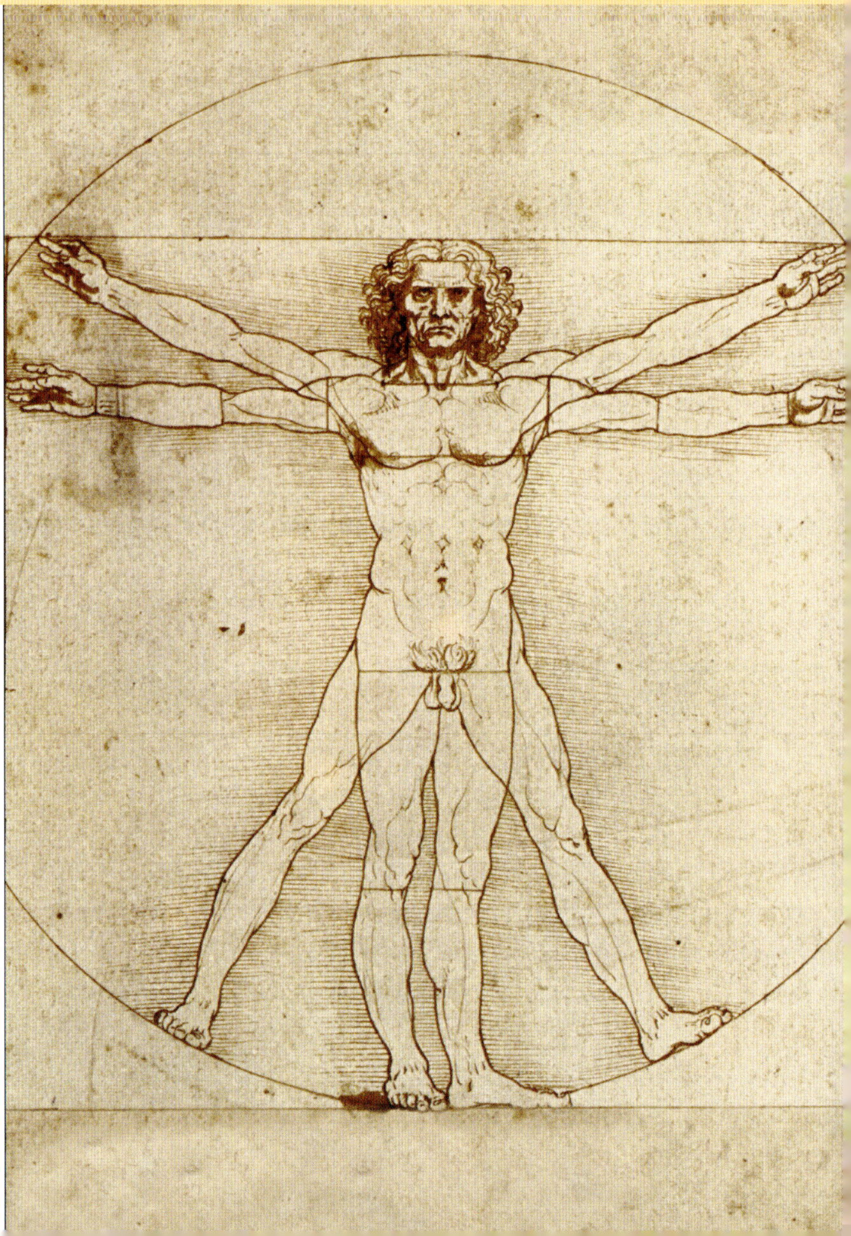

Bereits Leonardo da Vinci beschäftigte sich mit der Anatomie des Menschen und versuchte, den Menschen als Ganzes und seine natürlichen Gesetzmäßigkeiten zu erkennen. Bis heute gibt es Beschwerden und Krankheitsbilder, die auf Anhieb nicht zu erkennen sind.

Prinzessin-auf-der-Erbse-Syndrom?

Wer unter chronischen Schmerzen, Schlafstörungen, Konzentrationsschwäche, Müdigkeit, Verstopfung oder Reizblase leidet, bildet sich solche Beschwerden nicht ein, er ist tatsächlich krank. Die Seele muss nicht in erster Linie Auslöser sein. Die Krankheit ist Ausdruck einer andersartigen Störung, einer »chronisch-funktionellen« Erkrankung, z. B. einem Fibromyalgie-Syndrom.

Definition

Was verbirgt sich hinter der Bezeichnung »chronisch funktionelle Erkrankungen«? Es sind eine Vielzahl von Krankheitsbildern, die seit der Antike bekannt sind und unter den unterschiedlichsten Bezeichnungen zusammengefasst werden: »vegetative Dystonie«, »psychovegetative Dystonie«, »Organneurose«, »psychovegetatives Syndrom«, »Dysfunctional Spectrum Syndrome« und »Central Sensitivity Syndromes (CSS)«. Früher wurden sie als vegetative Beschwerden bezeichnet, heute werden sie manchmal als somatoforme Störung charakterisiert. Gemeinsam ist ihnen eines: Es gibt trotz der Intensität des Leidens keinen auf den ersten Blick fassbaren Befund. Lange nahm man daher an, wenn kein körperlicher Befund vorhanden sei, müsse es sich unweigerlich um eine seelisch bedingte Erkrankung handeln.

So wie ein Computer ohne ein Betriebssystem nur eine Anhäufung von Chips und Drähten ist, so wäre der Mensch im gleichen Bild nur eine Ansammlung von verschiedenen Organen.

Betriebssystem des Menschen

Um die Zusammenhänge zu verstehen, kann man einen Vergleich mit Computern anstellen. In der Medizin wurden Krankheiten häufig in »Hardware-« und »Software-Fehler« eingeteilt. Als Erstere bezeichnete man organische Krankheiten, bei denen

Das chronische Erschöpfungssyndrom (CFS) tritt meist schlagartig auf, z. B. im Anschluss an einen Virusinfekt. Es ist eine massive Leistungsminderung, die mehr als 50 Prozent der Ausgangsfähigkeit umfasst und länger als sechs Monate dauert.

Chronisch funktionelle Erkrankungen

Prämenstruelles Syndrom

In den Tagen vor der Menstruation (Blutung der Frau) Kopfschmerzen, Völlegefühl, aufgetriebener Leib, Schwellungen (Ödeme), Depressionen, Reizbarkeit.

Reizblase

Intensiver Harndrang trotz nur geringer Füllung der Blase, Kälteempfindlichkeit mit sehr häufigem zwanghaftem Wasserlassen.

Reizmagen

Magenbeschwerden wie Aufstoßen, Völlegefühl, gegebenenfalls Sodbrennen, Magendruck, Übelkeit, Nahrungsmittelunverträglichkeit ohne körperlichen Befund. Besserung durch Nahrungsaufnahme. Es findet sich kein Magengeschwür oder keine anderen Ursachen wie das Bakterium Helicobakter pylori.

Reizdarm

(englisch: Irritable bowel syndrome – IBS). Unbehagen oder Schmerzen im Bauchraum über 12 Wochen, teils mit Durchfall, teils mit Verstopfung, die nach dem Stuhlgang besser werden. Änderung der Stuhlkonsistenz (hart/weich) und Stuhlfrequenz (häufiger/seltener). Kein körperlicher Befund.

Migräne

Halbseitige intensive Kopfschmerzen, oft tagelang anhaltend, häufig mit Übelkeit, Brechreiz oder Erbrechen, Lichtscheu, Geräuschüberempfindlichkeit und verschiedenen weiteren neurologischen Ausfällen.

Chronisches Erschöpfungssyndrom (CFS)

Neben starker Erschöpfung und Ermattung leichte Temperaturerhöhung, Lymphknotenschwellungen und -empfindlichkeit sowie Symptome ähnlich wie bei Fibromyalgie.

Multiple chemische Sensibilität (MCS)
Krankheitsbild, bei dem die Betroffenen mit zahlreichen Symptomen auf Stoffe reagieren, die in dieser Konzentration normalerweise keine Wirkung zeigen und auf die sie nicht nachweisbar allergisch sind. Häufige Symptome sind Atembeschwerden, grippale Symptome, Kopfschmerzen, Müdigkeit, Verwirrtheit, Gedächtnisprobleme, Herz-Kreislauf-Beschwerden, Hauterscheinungen, Verdauungsprobleme.

Somatoforme Störungen
Über mehr als sechs Monate bestehende quälende Schmerzen, die trotz körperlicher Untersuchung keine Erklärung finden und für die seelische oder soziale Ursachen im Wesentlichen ursächlich sind.

Restless-leg-Syndrom
Unruhige, kribbelnde Beine (meist Unterschenkel) mit starkem, nicht beherrschbarem Bewegungsdrang. Tritt in Ruhe auf, meist abends oder nachts.

Fibromyalgie-Syndrom
Chronisches Schmerzsyndrom mit anhaltenden Schmerzen in Armen, Beinen und im Bereich der Wirbelsäule über mehr als drei Monate. Daneben zahlreiche Beschwerden wie Magen-Darm-Störungen, Kopfschmerzen, Frieren, Schwitzen, Wassereinlagerungen, Blasenbeschwerden, sehr großer Abgeschlagenheit, Schlafstörungen und Stimmungsschwankungen oder Depressionen.

Vegetative Dystonie
Überbegriff für die Fehlregulation verschiedener Organe ohne körperlichen Befund. Hauptsymptome Herzklopfen, Schwindel, Kreislaufstörungen, innere Unruhe, Schlafstörungen, Magen- und Darmbeschwerden, Kopfschmerzen, kalte Hände und Füße.

Die Störungen des Verdauungstraktes sind zumindest ein Kernbereich der chronisch funktionellen Erkrankungen. Eine positive Beeinflussung der Verdauung sollte somit auch eine Verbesserung ganz unterschiedlicher Beschwerden zur Folge haben.

sich die Strukturen von Zellen oder Organen verändern: vom Herzinfarkt über Tumoren bis hin zu Arthrosen. Auf der anderen Seite stehen die »Software-Defekte«, also Störungen der »Programme«. Gemeint sind damit vor allem seelische Erkrankungen. Bleibt man im Bild, so sieht man, dass zwischen diesen beiden Bereichen noch eine weitere Ebene existiert. Es ist die Ebene des Betriebssystems (bei Computern also WINDOWS, UNIX oder MAC-OS). Das Betriebssystem verbindet die Hardware mit den Programmen. Ohne dieses wäre ein Computer unbrauchbar.

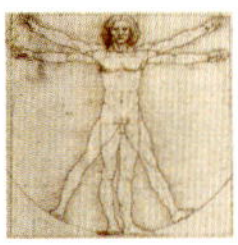

Info

Die Diagnose einer chronisch funktionellen Erkrankung wird in der Regel erst möglich, wenn man die Vielzahl der gleichzeitig bestehenden Symptome wahrnimmt.

Vernetzte Informationen

Auch der Mensch verfügt über ein »Betriebssystem«, allerdings arbeitet es so selbstverständlich, dass es leicht aus dem Blickfeld gerät. Es ist dafür verantwortlich, dass lebensnotwendige Prozesse im Körper ablaufen, ohne dass der Mensch diese bewusst regulieren muss. Dazu gehören Schlaf-Wach-Rhythmus, Nahrungsaufnahme, Verdauung, Blasensteuerung, Immunabwehr, Gleichgewicht, Wachstum, Muskelanspannung, Bewegungskoordination, Wundheilung, Blutdruck, Temperatur sowie der weibliche Zyklus. Dieses Betriebssystem ist ein riesiges Netzwerk, das alle Funktionen des Körpers koordiniert. Prozesse im Zellkern werden genauso gesteuert wie die Kommunikation zwischen Kern und Teilen der Zelle, Zellverbänden, Organen, zwischen verschiedenen Organen und schließlich zwischen dem Menschen als Ganzen in seiner Reaktion auf die Umwelt.

Nerven und Hormone

Die Menge der verarbeiteten Informationen ist riesig. Im Vergleich dazu ist die Anzahl der bewussten Gedanken und Empfindungen, die wir im Lauf eines Tages wahrnehmen, verschwindend gering. Wir sind uns dessen jedoch nicht bewusst, da fast alle diese Aufgaben im Hintergrund und ohne unser Zutun geschehen. Der Körper erledigt die gewaltige Aufgabe vor allem über zwei Wege: über Nerven und Hormone, wobei der Teil des Nervensystems, der dem »Betriebssystem« unterliegt, oft als vegetatives Nervensystem bezeichnet wird. Wir können diesen Teil unserer inneren Organisation kaum wahrnehmen und nur wenig beeinflussen. Weder kann man willentlich das Wachstum der Haare oder die Nierentätigkeit steigern. Stehen wir dagegen aus dem Liegen auf, dann steigert sich augenblicklich der Blutdruck und der Herzschlag ohne unser Zutun. Es ist eine automatische Anpassungsreaktion auf die erhöhte Belastung. Bleibt diese Regulationsleistung aus, dann entstehen Beschwerden wie Schwindel und Benommenheit.

Interne Steuerung

Das vegetative Nervensystem ist ausgesprochen schnell. Seine Regulationsvorgänge können schon nach wenigen Millisekunden einsetzen. Ihm gegenüber steht das langsamere System mit ca. 200 Hormonen. Es ist für übergreifende, globale Veränderungen zuständig, es steuert verschiedene Funktionen.

Regelt das vegetative Nervensystem meist kurz und zielgenau, wirken Hormone meist längerfristig und häufig nicht nur an einem einzigen Organ. Ihre Wirkung kann von Sekunden bis zu vielen Wochen, wie etwa beim weiblichen Zyklus, reichen.

Wichtige Hormone

Hormone des Hypothalamus und der Hypophyse
ACTH, Thyreotropin (TSH), Luteinisierendes Hormon (LH), Wachstumshormon (STH), Prolaktin, Oxytocin, Vasopressin

Hormone der Bauchspeicheldrüse (Pankreas)
Insulin, Glukagon, Somatostatin

Hormone der Schilddrüse und der Nebenschilddrüsen
T_3, T_4, Calcitonin

Hormone der Nebennieren
Adrenalin, Noradrenalin, Cortisol, Aldosteron, Dopamin

Hormone der Eierstöcke und Hoden
Testosteron, Östrogen, Progesteron

Zusammenhänge erkennen

Beide Systeme, das Nervensystem und jenes der Hormone, arbeiten perfekt und eng koordiniert zusammen. Die gesamte Steuerung ist von hoher »Betriebsstabilität« und »Ausfallsicherheit« gekennzeichnet. Störungen sind – insbesondere im Vergleich zu Computern – sehr selten! Wenn jedoch Störungen auftreten, dann betreffen sie meist nicht nur ein umgrenztes Gebiet. Ähnlich wie Fehler im Betriebssystem von Computern zu einer ganzen Reihe von Problemen in unterschiedlichen Programmen führen, so lösen Störungen des menschlichen Betriebssystems meist eine Kette von Problemen aus.

Wer an einer Fülle von unterschiedlichen Beschwerden leidet, ohne dass man hierfür eine organische Erklärung findet, sollte vor allem wissen: Solche Reaktionsweisen des Körpers gibt es tatsächlich. Man bildet sie sich nicht ein, und sie sind nicht selten!

Organgrenzen werden überschritten

Symptome sind dann in der Regel nicht auf ein Organ begrenzt, sondern haben Konsequenzen in mehreren Funktionsbereichen, die auf den ersten Blick gar nicht zusammenzuhängen scheinen. Der Grund ist einfach. Wie erwähnt hält sich die hormonelle Steuerung des Körpers nicht an Organgrenzen, sondern greift an vielen oft weit voneinander entfernten Stellen gleichzeitig an.

- Adrenalin lässt nicht nur das Herz schneller schlagen, es erweitert auch die Bronchien, treibt den Blutdruck in die Höhe, vermindert die Hautdurchblutung und und und ...
- Migränepatienten leiden daher nicht nur unter Kopfschmerzen. Gleichzeitig treten auch Sehstörungen, Geräuschüberempfindlichkeit, Übelkeit, Durchfall oder eine Harnflut mit vermehrter Ausscheidung auf.

Schwer zu diagnostizieren

Diese Tatsache erschwert gelegentlich die Diagnose: Durch die Vielzahl der Beschwerden, z. B. bei Fibromyalgie, ergibt sich kein einheitliches Beschwerdebild. Eine Vielzahl von Schmerzen stehen neben zahllosen anderen Symptomen: Blasenbeschwerden, Taubheitsgefühlen, Schlafstörungen und Wassereinlagerungen. Dazu kommt, dass oft mehrere Beschwerdebilder nebeneinander auftreten können: Migränepatienten leiden häufig unter Reizdarm, Fibromyalgie-Kranke sind meist auch depressiv, Menschen mit chronischem Erschöpfungssyndrom leiden meist auch unter Schmerzen, Patienten, die sich als amalgambelastet empfinden, leiden auch unter multipler chemischer Sensibilität usw.

Verteilung in der Bevölkerung

Das bedeutet, dass die Krankheitsbilder nicht scharf voneinander getrennt sind, sondern sich stark überlappen. Gleichzeitig fällt auf, dass vor allem Frauen im mittleren Lebensalter zwischen 30 bis 60 Jahre deutlich häufiger vertreten sind. Männliche Jugendliche und ältere Männer sind dagegen eine Rarität. Eine Tatsache, die u. a. mit der unterschiedlichen vegetativen Stabilität zu erklären ist. Kinder mit Verdauungsstörungen reagieren häufig mit Unruhe, Unaufmerksamkeit und Ablenkbarkeit auf die Reizüberflutung aus dem Darm. Bei entsprechender Behandlung und Ernährungsumstellung kann bei ihnen eine besonders eindrucksvolle schnelle Besserung auch auf seelischem Gebiet erzielt werden.

Der Volksmund kennt diese Zusammenhänge natürlich schon lange: Gefühle kommen aus dem Bauch!

Kommt es zu Störungen im menschlichen Betriebssystem, also den Nerven und Hormonen, lösen sie meist eine Kettenreaktion im Körper aus.

Magen und Darm – der kleinste gemeinsame Nenner

Störungen im Bereich des Magen-Darm-Trakts sind bei den meisten Krankheitsbildern mit unklarem Befund vorhanden. Fast wirkt es so, als ob sich eine Verdauungsstörung wie ein roter Faden durch die Lebensgeschichte aller Patienten zieht, die unter chronisch funktionellen Erkrankungen leiden.

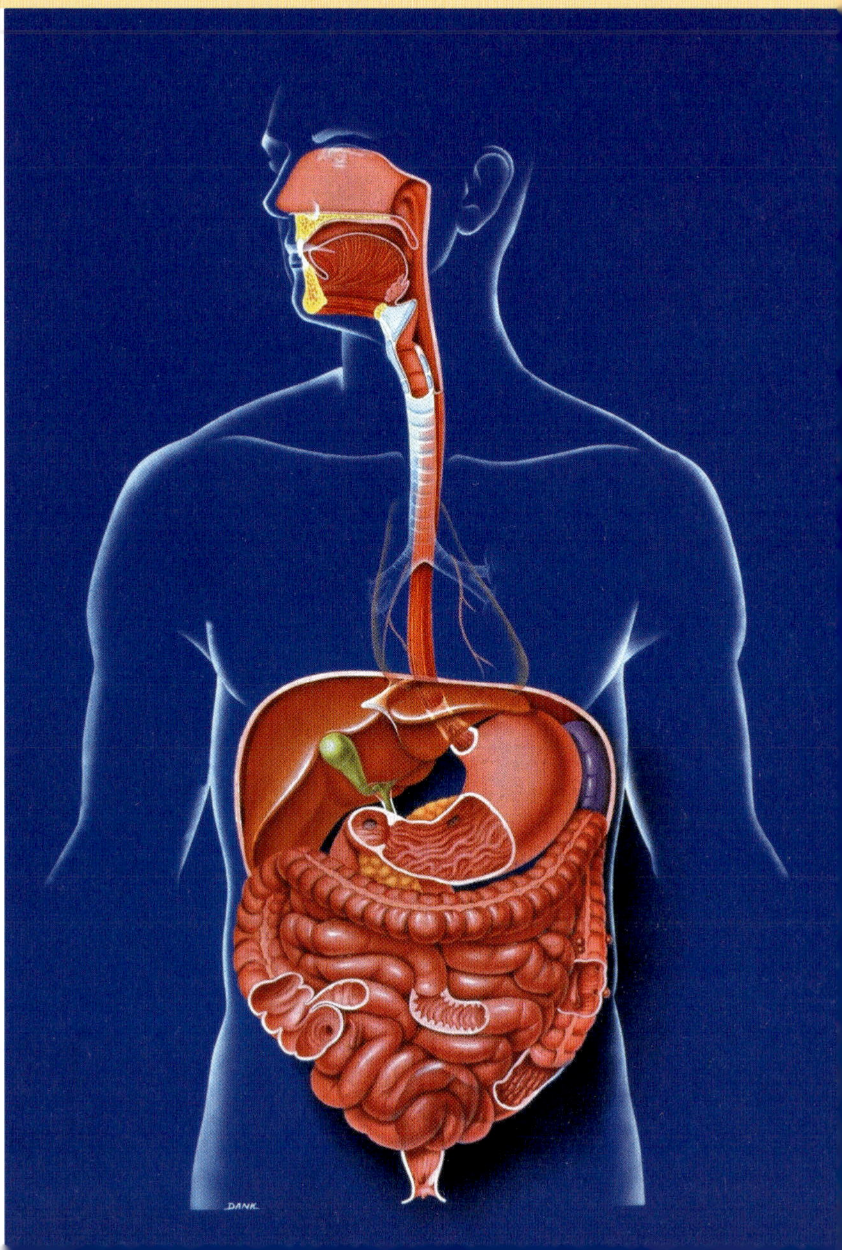

Die Nahrungsaufnahme ist die Quelle unserer täglichen Energie. Kein Wunder also, dass sich eine gestörte Verdauung auf den gesamten Körper auswirkt.

Reizmagen und -darm

Vielen Betroffenen sind Probleme im Bereich des Magen-Darm-Trakts nur wenig bewusst. Bei der körperlichen Untersuchung des Bauchraums zeigt sich jedoch ein anderes Bild. Der Oberbauch ist schmerzhaft, der Unterbauch aufgebläht, und an bestimmten Stellen kann der Arzt einen heftigen Druckschmerz bei der Untersuchung auslösen. Die Patienten berichten häufig auf Nachfragen über Völlegefühl, Aufstoßen, Sodbrennen, Magenschmerzen, vermehrte Darmgeräusche (Rumpeln, Kullern), Blähungen, Anschwellen des Bauchs gegen Abend, Durchfall, Verstopfung, Darmkrämpfe, unvollständige Stuhlentleerung, Bleistiftstühle, Juckreiz im Analbereich und viele ähnliche Beschwerden.

Magenschleimhaut macht Probleme

Diese unangenehmen Leiden sind oft Begleiterscheinungen der chronisch funktionellen Erkrankungen. Manchmal stehen die Beschwerden jedoch so im Vordergrund, dass man hierfür eine eigene Krankheitsbezeichnung geschaffen hat. Man bezeichnet die Symptomatik dann als Reizmagen bzw. -darm. Bei der Untersuchung (Röntgen/Magen- und Darmspiegelung) zeigen sich nur wenige Auffälligkeiten. Vor allem findet man keine Geschwüre oder Blutungen. Man erkennt lediglich eine gerötete, gereizte Schleimhaut, die der Krankheit den Namen gab. Der gesunde Magen bildet Salzsäure und eiweißspaltende Enzyme in großen Mengen. Wir benötigen diese, um die Nahrung, vor allem Fleisch, richtig aufzuschließen und zu verdauen. Um zu verhindern, dass diese aggressive Mischung die eigenen Magenwände angreift, produzieren die Magenwände eine schützende Schleimschicht, die sich zwischen die Magenwände und den Magensaft schiebt.

Info

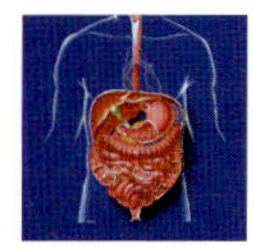

Die Störungen des Verdauungstrakts sind ein Kernbereich der chronisch funktionellen Erkrankungen. Eine positive Beeinflussung der Verdauung sollte somit auch eine Verbesserung ganz unterschiedlicher Beschwerden zur Folge haben.

Schleimbildung

Zu fettreiche und zu süße Nahrung sowie Alkohol im Übermaß können die Magenschleimhaut auf Dauer beanspruchen.

Ist die Magenwand gereizt, benötigt der Magen mehr schützenden Schleim. Andernfalls würde die Magenoberfläche angegriffen und eine Schürfung (medizinisch Erosion) oder ein Geschwür (medizinisch Ulcus) entsteht. Die überreichliche Schleimbildung hat auch Nachteile. Zwar verhindert sie eine Verletzung des Magens, aber die Nahrung wird so schlechter verdaut. Sie bleibt länger im Magen liegen und kann in Gärung übergehen. Gase entstehen und verursachen Magendrücken oder saures Aufstoßen.

Sodbrennen

Legt man sich nach dem Essen ins Bett oder bückt man sich mit vollem Magen, drücken die Gase den sauren Mageninhalt in die Speiseröhre zurück. Sodbrennen ist die Folge, da die Speiseröhre unter normalen Bedingungen nie mit dem salzsäurehaltigen Speisebrei in Berührung kommt.

Unzureichende Verdauung

Die schlechte Verdauung im Magen hat weitere Folgen. Die Nahrung wird wegen der stark verdünnten Magensäure nur unzureichend für weitere Verdauungsschritte vorbereitet. Der Nahrungsbrei kommt zu grob in den anschließenden Zwölffingerdarm und Dünndarm. Der von groben Partikeln durchsetzte Speisebrei kann hier nicht richtig bearbeitet werden. Er geht zu schnell durch den Dünndarm. Diese beschleunigte Darmpassage ist deutlich zu spüren und lässt sich auch durch Röntgen darstellen. Es geht aber auch ohne Röntgen: Bereits kurze Zeit nach dem Essen kann man hören, wie die Nahrung mit vielen Geräuschen durch den Darm rumpelt. Im Dünndarm wird die Nahrung beim Gesunden zu ca. 97 Prozent aufgenommen. Passiert sie den etwa vier Meter langen Dünndarm zu schnell und somit nur halbverdaut, erreicht sie in größerem Umfang den Dickdarm. Der letzte Darmabschnitt hat als Hauptaufgabe, Wasser zu entziehen, den Stuhl einzudicken.

Unangenehme Gasbildung

Gleichzeitig ist der Dickdarm von sehr vielen Bakterien besiedelt. Etwa eine Milliarde Darmkeime sind hier in jedem Gramm Stuhl enthalten. Werden die Darmkeime mit mehr Nahrung in Folge der beschleunigten Darmpassage versorgt, vermehren sie sich rasch. Darmbakterien sind in der Lage, sich innerhalb von 20 Minuten zu verdoppeln. In anderen Worten: Innerhalb von wenigen Stunden kann sich ein einzelner Keim millionenfach vermehren. Gase können sowohl im Dünndarm als auch im Dickdarm entstehen. Während der Dünndarm das Gas selbst zügig aufnehmen kann, ist der Dickdarm dazu nicht in der Lage. Man kann den Unterschied leicht an sich selbst feststellen. Ist der Dünndarm stark von Gasen aufgeblasen, werden diese nach einer Nahrungspause wieder ins Blut aufgenommen. Der Bauch wird über Nacht wieder schlank. Die ins Blut aufgenommene Luft wird über die Lunge ausgeatmet, was man an einem schlechten Geschmack im Mund oder am Mundgeruch selbst feststellen kann.

Das massive Bakterienwachstum kann man gut selbst feststellen. Besonders gegen Abend, wenn die Bakterien über den Tag Nahrung erhalten haben, wird der Bauch stark aufgewölbt.

Luft im Darm

Gase im Dickdarm können diesen nicht via Darmwand verlassen. Sie müssen aber ins Freie, was zu unangenehmen oder peinlichen Situationen führen kann. Die Luft kann den Dickdarm auch richtig aufblasen. Dabei werden Muskelstränge überdehnt und geschwächt. Krämpfe und/oder Verstopfung sind die Folgen. Auch Reizungen der Darmwand sind verbreitet. Dann kommt es zu weichem Stuhlgang, Durchfall oder einem Beschwerdebild, bei dem auf harten Stuhl unmittelbar Durchfall folgt. Nicht selten wechseln sich alle Symptome in rascher Folge ab. Es entstehen also viele Störungen, die zwar nicht gefährlich, aber unangenehm sind.

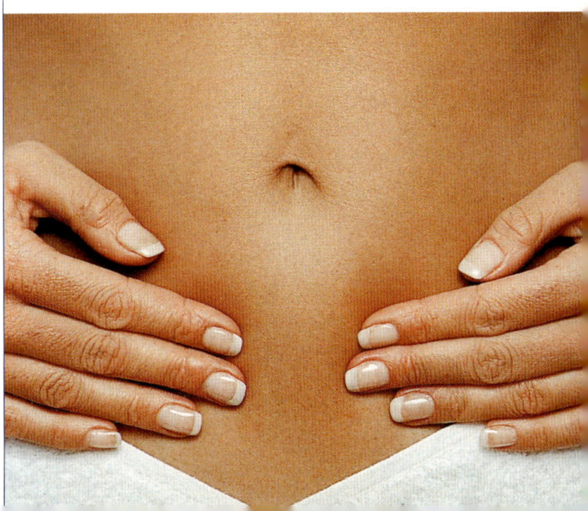

Bei vermehrter Gasbildung im Darm drückt und kneift es erheblich unterhalb des Nabels. Viele Menschen legen daher am Abend alles Beengende gern ab und öffnen Knöpfe und Reißverschlüsse.

Unser »Darmhirn«

Das Wort »Darmhirn« ist mehr als ein Spiel mit der Sprache. Es soll verdeutlichen, dass die Steuerung des Darms nicht nur reine Mechanik ist. Der Darm hat ein umfassendes Regel- und Steuersystem, das fast wie ein zweites Gehirn wirkt.

Bisher waren wir lediglich von Reizung als Ursache der Beschwerden ausgegangen, was aber sehr vereinfacht ist. Für die Beschwerden sind mehrere Systeme verantwortlich. Eine große Rolle für die Fehlsteuerung spielt das vegetative Nervensystem des Darms. Etwa 100 Millionen Nervenzellen umhüllen den menschlichen Verdauungstrakt in zwei hauchfeinen Schichten, in deren Mitte sich die Darmmuskulatur befindet. Sie sorgen für den reibungslosen Ablauf des komplizierten Prozesses der Zerlegung und Aufnahme der Nahrung. Lediglich im Gehirn findet sich eine größere Ansammlung von Nervenzellen. Selbst das Rückenmark, das praktisch ausschließlich aus Nervenzellen besteht, kommt zahlenmäßig nicht an die Darmsteuerung heran. Zwischen den Nervenzellen des Gehirns und des Darms (sowie der hormonellen Steuerung) besteht eine so hochgradige Übereinstimmung, dass Wissenschaftler von einem zweiten Gehirn, dem »Darmhirn«, sprechen.

Ein Blick zurück

Entwicklungsgeschichtlich erklärt sich das »Darmhirn« aus einer einfachen Tatsache. Der Mensch wird unreif geboren. Das Gehirn des Menschen kann daher bei der Geburt große Bereiche seiner späteren Aufgaben noch nicht übernehmen. Deswegen können wir im Gegensatz zu Tieren beispielsweise nach der Geburt weder gehen noch stehen. Der Grund für die funktionelle Unreife ist das im Vergleich zu anderen Säugetieren unproportional große Gehirn und damit der große Kopf des Menschen. Mit solch einem großen Schädel können wir nur durch den engen Geburtskanal hindurch, wenn wir sehr frühzeitig zur Welt kommen. So gesehen sind alle Menschen auch nach neun Monaten Schwangerschaft eine Frühgeburt. Überlebenswichtige Funktionen wie die Nahrungsaufnahme müssen sofort nach der Geburt funktionieren. Durch ihre Auslagerung ihrer Steuerung in den Bauch sind sie von der räumlichen Beschränkung im unreifen Gehirn befreit. Essen und Verdauen können wir somit auch ohne die Hilfe von oben.

Überlebensstrategien

Was denkt sich nun unser »Darmhirn«? Es muss viele Informationen verarbeiten, um im Lauf eines Lebens rund 40 Tonnen Nahrung und 75 Tonnen Flüssigkeit problemlos zu verarbeiten. Hauptproblem ist die feingliedrige Abstimmung des Nahrungstransports durch den rund sechs bis acht Meter langen Darm. Dabei wird der Speisebrei nicht nur schrittweise vorwärts bewegt. Je nach Verdauungsgrad wird er gemahlen, geknetet oder zurückgeschoben. Das »Darmhirn« muss »fühlen«, was für eine Art der Nahrung man zu sich genommen hat, und in welchem Zustand sich die Nahrung gerade befindet. Schwer Verdauliches – Fett und Fleisch – bleibt länger im Darm, damit die Verdauungssäfte es aufschließen können.

Unverträgliches oder Giftiges muss schnell ausgestoßen werden. Durchfall ist somit ein wichtiger Schutzreflex. Schließlich wird Flüssigkeit zügig durch den Magen – sogar an der Nahrung vorbei – geleitet, um so schnell ins Blut zu gelangen.

Ständiger Informationsfluss

Zwischen dem »Darmhirn« und unserem Gehirn bestehen enge Verbindungen. Eine Netz von Nerven koppelt die Nervengeflechte des Verdauungstrakts mit unserer Schaltzentrale im Kopf. 90 Prozent der Fasern führen dabei in Richtung Gehirn. Unser Bauch informiert also unsere zentrale Datenverarbeitung beständig über die aktuelle Lage, was unserem Bewusstsein jedoch im Normalfall verschlossen bleibt. Nur heftige Empfindungen wie Übelkeit, Erbrechen oder Schmerzen werden wahrgenommen. Dies ist durchaus sinnvoll. Würden wir jede Regung des Darms registrieren, dann wären wir nicht mehr in der Lage zu denken oder ein sinnvolles Gespräch zu führen.

Zu viele Impulse

Eine Reizschwellenabsenkung kann man experimentell leicht selbst erzeugen: Man muss sich nur einige Stunden oder Tage die gleiche Hautstelle leicht reiben. Sie beginnt daraufhin zu brennen und zu schmerzen, obwohl man keine Schädigung erkennt.

Untersuchungen zeigen jedoch, dass der Darm nicht völlig vom Gehirn ausgeblendet ist. Bei gesteigerter Darmaktivität kann man die Irritationen in mehreren Hirnarealen messen. Vor allem im limbischen System, einem Gebiet, das für die Gefühle große Bedeutung hat, sieht man die Folgen der Darmtätigkeit. Bei Reizung reagiert es »verärgert«, ähnlich wie bei Schmerzzuständen. Bei länger andauernden Reizungen kommt es nicht nur kurzfristig zu Störungen, sondern zu einer Beeinträchtigung des Reizschutzes als solchen. Jetzt werden selbst kleinere Impulse aus dem Darm bewusst wahrgenommen. Das normale Kneten des Darms, der Vorwärtstransport der Nahrung erscheint unangenehm zu sein, ja sogar die normale Verdauung kann bereits als Schmerz wahrgenommen werden. Diese Absenkung der Reizschwelle ist von erheblicher Bedeutung zum Verständnis des Reizmagens und -darms. Sie erklärt, warum viele Betroffene so von ihrem Bauch gequält sind, obwohl der Arzt bei einer Untersuchung nichts feststellen kann.

Wenn immer etwas schmerzt, ist der Schmerz auch wirklich vorhanden, unabhängig von der auslösenden Ursache. Denn Schmerz hängt in vielen Fällen nicht nur von der Stärke des Reizes ab. Beispielsweise kann beim Phantomschmerz nach einer Amputation ein nicht mehr vorhandener Arm solche Schmerzen bereiten, dass ein Betroffener nur noch mit höchsten Dosen von Morphinen überleben kann. Hintergrund sind Irritationen an den unterbrochenen Nervenfasern und im Gehirn selbst. Es entsteht der Eindruck, als ob das amputierte Glied immer noch vorhanden sei und kaum erträgliche Schmerzen verursachen würde.

Eine Kettenreaktion setzt ein

Besteht die Irritation aus dem Verdauungskanal noch länger, werden nicht nur die Nervenimpulse aus dem Bauch vermehrt wahrgenommen. Es kommt zu einer allgemeinen Senkung der Schmerzschwelle und zur erhöhten Empfindlichkeit gegen Schmerzreize jeder Art. Wenn der Bewegungsapparat betroffen ist, beginnen Muskeln und Gelenke bereits nach kleinen Anstrengungen unverhältnismäßig zu schmerzen. So überrascht es nicht, dass der Reizdarm häufig Vorläufer des Fibromyalgie-Syndroms ist.

Bei vielen funktionellen Beschwerden lösen Unwohlsein im Bauch, Aufstoßen, Blähungen, Durchfall oder Verstopfung eine Dauerreizung der Darmnerven aus. Dadurch kommt es zur Absenkung der Reizschwelle im Gehirn und einer allgemeinen Überempfindlichkeit gegen Außenreize.

Beschwerden häufen sich

Doch wird man nicht nur schmerzempfindlicher. Auch die Sinne werden sensibler. Laute Geräusche werden als unangenehm empfunden, man kann sich nicht mehr konzentrieren, wenn viele Menschen gleichzeitig reden, Gerüche werden stechend, und helles Licht schmerzt in den Augen.

Der Darm liefert also einen Dauerstrom von Impulsen und teilt dem Gehirn Basisinformationen aus den für das Überleben wichtigsten Körperregionen mit. Aus diesem Datenmaterial »errechnet« das Gehirn eine Grundbefindlichkeit des Körpers.

Kommen aus dem Bauch beunruhigende Nachrichten, wird die allgemeine Wahrnehmung geschärft und vermehrt Stresshormone ausgeschüttet. Impulse aus dem Darm, aber auch aus anderen Körperteilen, und der Außenwelt erreichen das Bewusstsein damit unmittelbarer. Es kommt zu Daueranspannung und Dauerstress, wie man es in gleicher Weise bei Depressionen und Ängsten kennt, und damit wird man auch für Stimmungsschwankungen anfälliger. So leiden rund 40 Prozent der Reizdarmpatienten auch unter echten Depressionen.

Der Zusammenhang zwischen Gehirn und »Darmhirn« zeigt sich auch bei der Alzheimer- oder Parkinson-Krankheit. Hier sind die Nervenzellen des Darms in gleicher Weise wie die des Gehirns von den Veränderungen betroffen.

Hormon Serotonin

Hormone sind Botenstoffe im Körper. Meist handelt es sich dabei um bestimmte Proteine. Serotonin entsteht aus der Aminosäure Tryptophan.

Wie weiter vorne schon beschrieben, erfolgt die Steuerung des »Betriebssystems« des Menschen durch Nerven und Hormone. Tatsächlich arbeiten beide Bereiche so eng zusammen, dass man sie nur gedanklich trennen kann.
Das Hormon Serotonin kommt praktisch überall im Körper vor und hat eine Vielzahl von Aufgaben. Seinen Namen, der sich aus »Serum« (Flüssigkeit) und »Tonus« (Spannung) zusammensetzt, verdankt es der Tatsache, dass es in der Lage ist, den Blutdruck zu erhöhen. Doch diese Eigenschaft spielt hier kaum ein Rolle. Weitaus wichtiger ist die ausgleichende und beruhigende Funktion des Serotonins. Es hat dämpfende und lösende Eigenschaften und ist somit das große Anti-Stress-Hormon. Zudem wirkt das Serotonin auf die Seele wie ein Glückshormon.

Bei Fibromyalgie im Mangel

Der Serotoninspiegel im Gehirn steht im direkten Zusammenhang mit der Stimmungslage. Bei glücklichen Menschen ist er erhöht, bei depressiven und ängstlichen deutlich gesenkt. Auch bei chronischen Schmerzen, z. B. beim Fibromyalgie-Syndrom findet sich nur wenig von dem erwünschten Hormon.
Was hat nun das Serotonin mit dem Darm zu tun? Sehr viel, denn 97 Prozent der Serotonins werden im Darm produziert! Nur ein Prozent der Glücksdroge entsteht im Gehirn. Diese Erkenntnis war für viele Wissenschaftler verblüffend. Offenbar geht die Ähnlichkeit zwischen Gehirn und »Darmhirn« sehr weit. Serotonin-Rezeptoren, also Reizempfänger für Serotonin, fanden sich nicht nur im Gehirn, sondern auch in riesiger Zahl im Darm und sind offenbar wesentliche Steuerungselemente für die Darmaktivität. Durch das Glückshormon wird dieser teils aktiviert, teils gehemmt.

Hilfe für die Seele

Nun wurde auch verständlich, warum fast alle Medikamente, die man zur Behandlung von seelischen Erkrankungen einsetzt, Wirkungen auf den Darm haben. Sie greifen an den gleichen Strukturen an. Insbesondere die Antidepressiva, also Medikamente gegen Depressionen, lösen häufig Verstopfung oder Durchfall aus. Auch Gewichtzu- oder -abnahme, Übelkeit, Erbrechen, Darmgeräusche usw. sind typische Begleiterscheinungen bei der Einnahme der Stimmungsaufheller. Im Allgemeinen werden diese Wirkungen als »Neben«-wirkungen bezeichnet. Tatsächlich sind es nur gleichartige Reaktionen des Körpers in einem anderen Gebiet. Es verwundert daher auch nicht, dass die Psycho-Medikamente mit Erfolg zur Behandlung des Reizdarms eingesetzt werden können. Doch der Vorschlag, ein Mittel gegen Depressionen bei Darmproblemen einzunehmen, lässt viele Patienten erst einmal zurückschrecken.

Viele Patienten mit Darmproblemen wundern sich, wenn sie ein Präparat gegen Depressionen empfohlen bekommen. Soll so zum Ausdruck gebracht werden, dass man vorwiegend seelische Konflikte als Ursache der Beschwerden vermutet? Nein, man macht sich nur zu Nutze, dass man das »Darmhirn« mit den gleichen Mitteln wie das Gehirn behandeln kann.

Wenig hilft viel!

Allerdings gibt es einen großen Unterschied: Das »Darmhirn« reagiert bereits auf viel geringere Substanzmengen der Medikamente als das Gehirn, was vielleicht mit der größeren Zahl von Serotonin-Rezeptoren im Darm zusammenhängt. Die meisten Patienten mit Reizdarm reagieren daher bereits positiv auf die Gabe eines Zehntels oder weniger der üblichen Standard-Dosierung. Höhere Mengen sind eher schädlich als nützlich, da der Darm dann »übersteuert« und etwa mit ausgeprägter Verstopfung reagiert. Durch Schonkost (siehe S. 47ff.), die arm an Kalorien, aber kohlenhydratreich ist, kommt es zu einem Anstieg des Glückshormons Serotonin. Schlaf, Stimmung und Allgemeinbefinden werden besser!

Im Organismus kommt Serotonin außer im Darm auch noch im Gehirn vor (siehe rot markierte Bereiche) . Es wird hier aus der Vorstufe Tryptophan, einer Aminosäure, hergestellt.

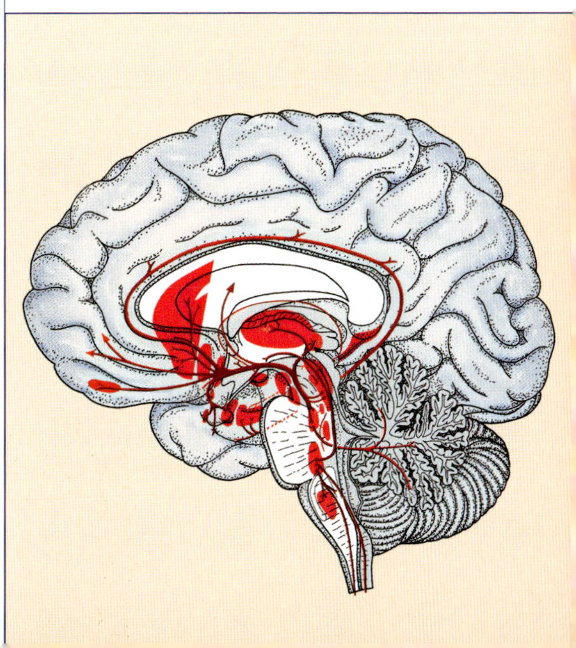

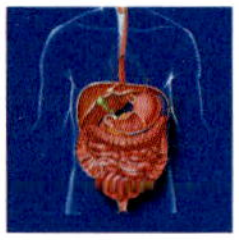

Info

Über eine Erhöhung des Tryptophangehalts des Bluts kann auch der Serotonin-Spiegel im Gehirn angehoben werden, was sich positiv auf die Stimmung auswirkt.

Über Umwege ins Gehirn

Das im Darm gebildete Serotonin kann aus physikalischen Gründen nicht direkt ins Gehirn gelangen. Es wird im Darm selbst und in anderen Körpergebieten verbraucht. Das »Gehirn-Serotonin« gelangt über eine Vorstufe (Tryptophan – eine Aminosäure) in unsere Denkzentrale. Auch diese wird vom Darm aufgenommen und über das Blut zu den grauen Zellen transportiert. Dort wird es in Serotonin umgewandelt. Eine vermehrte Zufuhr Tryptophan kann durch eine kohlenhydratreiche Diät, indirekt durch eine kalorisch knappe Ernährung, beim Fasten oder durch Aufnahme von Tabletten erfolgen.

Darmzustand und Serotoninspiegel

Die Bedeutung des Darms für den Serotoninspiegel ist erheblich. Der gereizte Darm nimmt außerdem weniger Tryptophan (siehe Kasten) auf und produziert somit weniger Serotonin.

So kann ein Teufelskreis entstehen: Der gestörte Darm bildet zu wenig von der Substanz, die er für seine Funktion dringend benötigt. Durch den Mangel an Serotonin entsteht eine Funktionseinschränkung, in deren Folge der Darm geringere Mengen des Hormons bildet! Kein Wunder, dass die Beschwerden so hartnäckig sind und oft lebenslang bestehen.

Die Darmflora besteht aus vielen Billionen Keimen – hilfreiche, aber auch krankmachende. Wenn dieses Gleichgewicht gestört wird, kommt es zu Beschwerden. Im Bild sind die typischen Darmbakterien Escherichia coli zu sehen. Auch hiervon gibt es krankmachende Spezies.

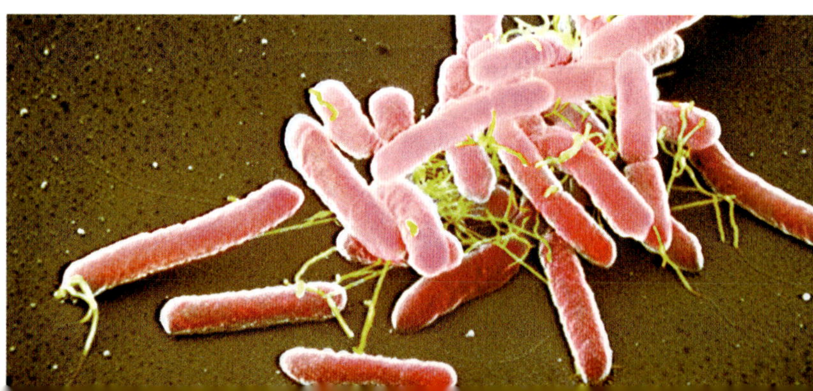

Das Lymphsystem

Der Darm ist die Zentrale unseres Immunsystems. Das mag überraschend klingen: Verdauung und Abwehrsystem – die beiden Begriffe passen scheinbar schlecht zusammen. Doch sie sind aus gutem Grund eng miteinander verbunden. Unser Darm ist nicht nur von Nahrung erfüllt. Er ist auch der Lebensraum für Bakterien, die hier in großer Anzahl leben. Etwa 100 Milliarden Keime nehmen wir jeden Tag neu mit der Nahrung auf. Bis zu tausend Billionen Kleinstlebewesen sollen den Darm besiedeln. Oder, um die Dimensionen deutlich zu machen: Der Darm beherbergt etwa einhundert mal mehr Keime als unser Körper Zellen besitzt. Wir selbst sind in der Minderheit!

Der Magen-Darm-Trakt ist weit mehr als ein Rohr, das einmal durch den Körper führt und die Energie bereitstellt. Er ist aufs Engste mit unserem Nerven-, Gefühls- und dem Immunsystem verbunden. Der Verdauungstrakt ist so Teil des komplexen neuro-psycho-immunologischen Systems des Menschen.

Wechselseitiges Spiel

Der Vergleich mag leichten Schwindel erregen. Wir kann es sein, dass wir von diesem Zustand nichts wahrnehmen? Warum besteht unser Innerstes aus solch einem Gärbottich von fremden Keimen? Wir brauchen diese Mikroorganismen. Wir sind sogar dringend auf sie angewiesen, um die Nahrung aufzuschließen und regelrecht zu verdauen. Und, wir leben in Frieden mit ihnen, obwohl sich unter den etwa 500 Arten umfassenden Bakterienstämmen auch manch potenzieller Schädling verbirgt. Das Immunsystem des Darms wacht nämlich kontinuierlich über die Bakterienflora und sorgt dafür, dass beim Bakterienwachstum nichts aus dem Ruder läuft. Aus diesem Grund sind rund 70 Prozent aller Immunzellen entlang des Darms angesiedelt: Lymphknoten, Lymphbahnen und rund 70 Milliarden Plasmazellen, die das Innere des Darms mit einem schützenden Film von Abwehrstoffen (Immunglobulin A) überziehen. Solch konzentrierte Abwehr ist allerdings auch nötig, sonst würden wir gegenüber unseren Mitbewohnern den Kürzeren ziehen.

Auf lange Sicht

Doch was für eine Auswirkung hat der Reizdarm auf das Immunsystem? Immer deutlicher wird, dass die chronische Reizung nicht ohne Wirkung auf das Immunsystem bleibt. Das Immunsystem wird gleichzeitig aktiviert und stimuliert.
Besteht der Reizdarm über längere Zeit, häufen sich Erkältungen und Infektanfälligkeit. Das Abwehrsystem scheint so mit dem Darm beschäftigt zu sein, dass es durch zusätzliche Aufgaben überlastet wird.

Neben der Schwächung des Immunsystems treten auch sichtbare Veränderungen auf. Vor allem betroffene Frauen klagen, sie würden mit verschwollenen Augen aufwachen, die Finger seien unnatürlich dick, und gegen Abend würden auch Füße oder Unterschenkel an Umfang zunehmen, so als wären sie »in einem Taucheranzug« eingesperrt.

Wassereinlagerungen

Beim Reizdarm kommt es oft zu Wassereinlagerungen. Dies hängt mit dem Lymphsystem zusammen, denn der Abtransport von Flüssigkeiten ist eine wesentliche Aufgabe dieses Schutzsystems. Über ein fein gesponnenes Netz von Lymphkapillaren werden alle überschüssigen Flüssigkeiten aufgenommen und über Lymphbahnen abtransportiert. Dieses System arbeitet parallel zum Venensystem und ist für den »Problemmüll« des Körpers zuständig. Über verschiedene Reinigungs- und Kon-

Entzündung durch Schmerzen

Unsere Schmerzfasern sind keine Einbahnstraßen Richtung Gehirn. Über eine »Nebenstraße« wird die Erregung wieder in das betroffene Gewebe zurückgeleitet. Dort kann der Schmerzimpuls zu einer Entzündung und Schwellung führen, was medizinisch als neurogene Entzündung bezeichnet wird. Diese Mechanismus könnte einen Teil der Schwellungen bei Fibromyalgie-Patienten erklären.

zentrationsstationen in den Lymphknoten münden alle Lymphbahnen am Ende kurz vor dem Herz in die obere Hohlvene. Dort vereinigen sich Lymph- und Venensystem.
Am Darm liegt der Großteil des Lymphgewebes. Ist er chronisch gereizt, fällt mehr Flüssigkeit an. Entsprechend seiner riesigen Fläche können bereits kleinere Reizungen des Darms zu einem Anwachsen der Lymphmenge führen. Das System wird kurzfristig überfüllt.

Nicht nur ein kosmetisches Problem

Ist der Darm Tage, Wochen und Monate gereizt, sammelt sich das Wasser langsam im Gewebe an. Vor allem an Händen, Füßen, Gesicht und Brust spürt man die Schwellung. Die Neigung zu Wasseransammlungen (Ödemen) ist nicht nur ein kosmetisches Problem. Nerven können durch die Schwellungen eingeengt werden und so etwa am Handgelenk ein Karpaltunnelsyndrom auslösen. Dabei leidet man unter heftigen nächtlichen Schmerzen in Händen und Armen. Auch im Kopfbereich werden Nerven im Bereich der Durchtrittsstellen durch den Schädel gern beengt. Im Bereich des Nackens oder der Schläfen treten unangenehme, ziehende Schmerzen auf. Wasser sammelt sich in der Tiefe des Bindegewebes bis hin zur Muskulatur, die dann wässrig verschwollen ist. Solche Muskeln können dann bei Beanspruchung schmerzen. Je stärker die Schwellungen, desto heftiger treten Schmerzen wie bei einem Muskelkater auf.

Darmreizungen fördern Schmerzanfälligkeit

- Dauerimpulse aus dem »Darmhirn« senken die Schmerzschwelle.
- Entzündungen im Darm senken den Spiegel des Anti-Schmerz-Hormons Serotonin.
- Überlastungen des Lymphgewebes führen zu Ödemen, die Schmerzen begünstigen.

Alkohol reizt bekanntlich den Darm. Trinkt man abends über den Durst, wird der Magen-Darm-Trakt gereizt. Der Darm schwillt an, und diese Flüssigkeit wird über Nacht vom Lymphgewebe aufgenommen. Am nächsten Morgen sieht man dann um die Augen und Wangen verquollen aus, da die zu viel gebildete Lymphe nicht ausreichend abtransportiert werden konnte und sich dort sammelte, wo das Gewebe weich und dehnbar ist.

Candida & Co.

In jedem gesunden Darm befinden sich nicht nur Abermilliarden von Bakterien, sondern auch andere Kleinstlebewesen wie Pilze. Die meisten sind harmlos, manche sogar nützlich. Es gibt jedoch auch Schädlinge, von denen am wichtigsten Candida albicans, ein Hefepilz, erscheint. Ohne auf Details einzugehen, soll hier nur erwähnt werden, dass dieser Pilz sich gern vermehrt, wenn das Immunsystem des Darms eingeschränkt ist, die Nahrung einseitig aus Süßem besteht oder häufig Antibiotika eingenommen wurden.

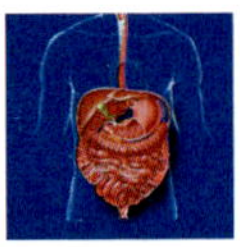

Info

Pilze kann der Arzt anhand von einem Stuhltest oder durch einen Mund-/Nasenabstrich feststellen.

Nicht zu unterschätzen

Pilze wurden in der Medizin lange in ihrer Bedeutung unterschätzt. Dann kam eine Phase, in der sie für zahllose Beschwerden verantwortlich gemacht wurden. Heute gelangt man zu einer realistischeren Bewertung. Candida albicans kann durchaus in einem gesunden Darm vorkommen, ohne dort Schaden anzurichten. Ist der Darm jedoch gereizt oder das Immunsystem geschwächt, können Pilze die Beschwerden nicht unerheblich verstärken. Unsere medizinischen Vorfahren drückten das so aus: Pilze sind eine Krankheit der Kranken!

Grenze zur Umwelt

Was vielen Menschen wenig bewusst ist: Magen und Darm sind eine Außengrenze zur Umwelt. Nicht nur eine nebensächliche Fläche, es ist der Hauptkontakt zur Außenwelt, der mitten durch uns hindurchläuft. Diese Perspektive mag ungewohnt klingen. Doch es lohnt sich, die Zusammenhänge kurz zu beleuchten.

Der Mensch hat verschiedene wichtige Außenflächen. Für uns alle steht natürlich die Haut ganz im Vordergrund der Wahrnehmung. Ihre Fläche beträgt etwa ein bis zwei Quadratmeter, abhängig von Größe und Gewicht. Mund und Nasenschleimhaut sind noch kleiner und weisen nur wenige Quadratzentimeter auf. Deutlich größer ist die Lungenoberfläche, die man auf rund 100 Quadratmeter schätzt. Der Darm übertrifft alle anderen Flächen bei weitem. Auf Grund seiner vielfältigen Falten geht man von etwa 10.000 Quadratmetern aus, genau gemessen hat es allerdings noch niemand.

Wichtige Funktionen

Die Grenzfläche des Darms und der Lunge haben noch eine weitere Besonderheit. Im Vergleich zur Haut sind sie sehr dünn, was ihre biologische Bedeutung noch hervorhebt.
Die Schleimhaut des Darms muss dabei verschiedene Aufgaben meistern. U. a. muss sie wertvolle Nahrung aufnehmen, unerwünschte Teile des Darminhalts fernhalten und das Körperinnere wirksam vor Wasser- und Salzverlust schützen. Je intakter und geschlossener die Schleimhaut ist, desto besser gelingt ihr das.
Reizungen der Schleimhaut beeinträchtigen ihre Barrierefunktion. Sie wird in beide Richtungen durchlässiger, so als ob sie löchrig wäre. Gröbere Nahrungsbestandteile und Kleinstlebewesen können somit in den Körper eindringen und Blutbestandteile in den Darm verloren gehen. Über die Folgen wissen wir noch wenig. Doch ist eine Zunahme von Allergien, Lebensmittelunverträglichkeiten und verschiedenen Belastungen des Immunsystems zumindest recht wahrscheinlich.

Durch die Einnahme von Antibiotika wird die Darmflora empfindlich gestört. Unter dem Mikroskop ist deutlich eine Verschiebung des Gleichgewichts zwischen hilfreichen und krankmachenden Keimen zu erkennen.

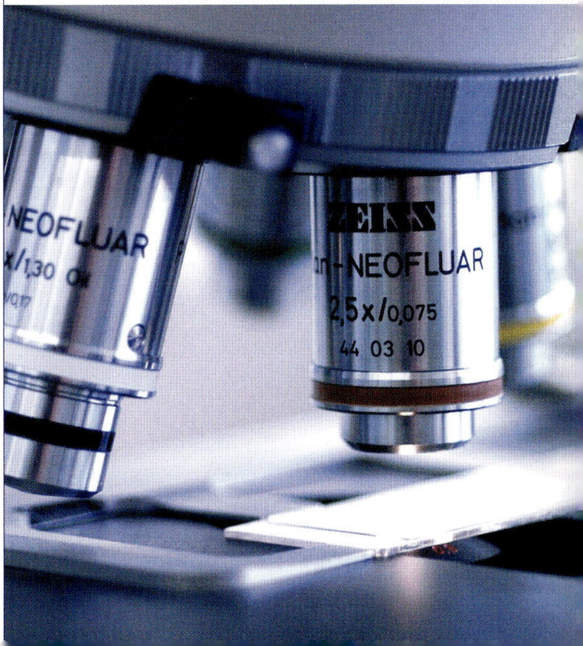

Die richtige Nahrung für den Darm

Beschwerden und Erkrankungen des Magen-Darm-Trakts sind leider in der heutigen Zeit bei vielen Patienten feststellbar. Wer, so fragt man sich, hat dann noch einen wirklich gesunden Verdauungstrakt? Hat unsere Lebens- und Ernährungsweise etwas damit zu tun? In diesem Kapitel werden die Grundzüge einer vernünftigen Ernährung erklärt.

Jeder kann etwas für seine Gesundheit tun. Es beginnt bereits mit einer vielseitigen und abwechslungsreichen Ernährung.

Evolutionsgeschichte

Zweifellos haben sich die Ernährungsgewohnheiten in den reichen Ländern dieser Erde in den letzten 100 Jahren verändert. Vieles ist für uns so selbstverständlich, dass wir es nicht hinterfragen. Doch unser Körper ist älter. Er besteht in der jetzigen Form seit ungefähr drei Millionen Jahren. Sicherlich, wir haben heute weniger Haare als unsere Vorfahren, unser Kinn ist nicht mehr ganz so kräftig, aber bezüglich unserer inneren Organe ist praktisch alles beim Alten geblieben. Diese Form und Funktion des Körpers hat sich im Zusammenspiel mit der Umwelt entwickelt. Unser Verdauungstrakt hat sich optimal an die Nahrung angepasst, die wir im Lauf der historischen Entwicklung vorgefunden haben.

So war es einst

Wie haben wir uns ernährt? – Äußerst bescheiden! 99 Prozent der Zeit, die Menschen die Erde bevölkern, betreffen die Jäger- und Sammlerepoche. Man darf sich von dieser Phase keine romantische Vorstellung machen. Morgens etwas Gazelle, mittags Fasan und abends einen deftigen Bärenschinken – weit gefehlt! Die Jagdmethoden waren uneffektiv. In der längsten Zeitspanne nutzten die Menschen nur primitive Wurfgeräte, Steine, Holzstöcke und später Speere. Pfeil und Bogen ist eine relativ junge Waffentechnologie. Mit diesen Hilfsmitteln war wohl schmeckendes Wild nur schwer zu erlegen. Man musste daher oft tagelang kranke oder geschwächte Tiere verfolgen und scheute auch vor Aas nicht zurück. Wesentlich wichtiger als Fleisch war deswegen pflanzliche Nahrung, die wohl den größten Teil der täglichen Mahlzeiten bildete. Wurzeln, feinere Blätter, Obst, Pilze und Samen waren die wichtigsten Nahrungsmittel. Dazu muss man sich in Erinnerung rufen, dass fast

Früher gab es auch »niederes Wild« wie Schnecken, Würmer und Insekten. Genüsse, die wir heute nicht unbedingt auf den Speiseplan setzen würden!

alles roh zu sich genommen wurde. Erst mit der Kontrolle des Feuers war das Braten möglich, und Kochen ist erst seit wenigen zehntausend Jahren üblich. Man mag diese Art der Küche wenig attraktiv finden, doch eines ist sicher: Für diese Art der Nahrung ist unser Verdauungstrakt gebaut. Zweifellos war das keine Feinschmeckerküche. Aber sie hatte auch ihre Vorteile: Die damaligen Bewohner aßen praktisch keinen Zucker, aßen nur halb so viel Fett, fast zehnmal so viel Fasern, nur ein Zehntel des Kochsalzes, fünfmal so viel Vitamin C und dreimal mehr hoch ungesättigte Fettsäuren wie ein heutiger Bewohner der zivilisierten Welt. Cholesterinprobleme waren somit unbekannt. Im Verlauf von einer relativ kurzen Zeitspanne hat sich die Ernährung drastisch geändert. Ein großer Schritt begann mit dem Ackerbau und der Viehzucht vor etwa 10.000 Jahren. Doch wirklich revolutionär waren die Veränderungen in den letzten 100 Jahren, besonders seit dem Zweiten Weltkrieg.

Etwa 25 Prozent der Bevölkerung leiden heute an Reizdarm, 20 Prozent an Verstopfung und 40 Prozent zumindest gelegentlich unter Sodbrennen. Dazu kommen Entzündungen der Speiseröhre, Divertikel des Dickdarms, Enddarmprobleme, Magen- und Darmgeschwüre, Tumore u. v. m.

Die Ernährung heute: Noch nie wurde(n) pro Person

- so viel Fleisch gegessen: etwa 250 g Fleischprodukte pro Tag
- so wenig Ballaststoffe gegessen: nur etwa 20 g pro Tag
- so viel Fett gegessen: 150 g pro Tag
- so viel Zucker gegessen: 120 g Tag
- so viele süße Getränke getrunken: etwa 500 ml pro Tag
- so viel Alkohol aufgenommen: etwa 28 g Alkohol pro Tag
- so viele Fertigprodukte gegessen: 80 Prozent der Nahrung sind heute in irgendeiner Weise industriell zubereitet
- so viele Zwischenmahlzeiten gegessen
- viel gegessen: jeden Tag 1000 kcal über den Bedarf hinaus

Zu viel ist zu viel

Menschen sind anpassungsfähig. Auch unser Verdauungstrakt kann sich auf unterschiedlichste Nahrungsmittel einstellen. Doch was ihm heute an Anpassungsfähigkeit abverlangt wird, übersteigt ganz offenkundig seine Möglichkeiten. Zucker, Fett, Fleisch, Alkohol in bisher unbekannten Mengen führen zu einer Dauerbelastung und -reizung der Darmwände. Fehlende Bewegung, lang anhaltender seelischer Stress, Arbeitshetze und vieles mehr lassen den Körper an die Grenzen der Belastbarkeit stoßen. Mit hoher Wahrscheinlichkeit hängt die Zunahme der chronisch funktionellen Erkrankungen mit diesen Belastungsfaktoren zusammen.

Regelmäßige Bewegung ist ein kleiner, aber unabdingbarer Mosaikstein im Gesamtkunstwerk Gesundheit. Wer glaubt, es müsse Hochleistungssport sein, der irrt. Sich bewegen muss in erster Linie Spaß machen!

Für einen gesunden Darm

Manche dieser Faktoren lassen sich nur schwer oder gar nicht beeinflussen. Die Nahrung dagegen sehr wohl. Natürlich kann und soll niemand zu einer »Steinzeitdiät« zurückkehren, obwohl dies theoretisch möglich wäre. Doch so weit muss man auch nicht gehen, um dem Darm gesunde Bedingungen zu schaffen. Im Grunde muss man nur einige wenige Prinzipien beachten, um die Grundbedürfnisse des Verdauungstrakts zu erfüllen und somit Krankheiten und Beschwerden effektiv vorzubeugen.

Helfende Faktoren

Ernährung ist dennoch nur ein Baustein für ein gesundes Leben. Genauso wichtig sind u. a. regelmäßige Bewegung, erholsamer Schlaf, Zeit für eine ausgeglichene Partnerschaft und die eigene seelische Erholung.

Sieben Grundregeln

Wie sieht heute eine Ernährungsweise aus, die auf die Bedürfnisse unseres Verdauungsapparats Rücksicht nimmt und gleichzeitig in die jetzige Zeit hineinpasst? Welche Grundbedürfnisse hat der Verdauungstrakt, und welche Lebensmittel soll man essen? Im Alltag sollte man die folgenden Regeln beachten.

Info

Faserreich sind vor allem Vollkornprodukte sowie Gemüse und Salate. Obst enthält weniger Ballaststoffe, ist aber wegen seiner hohen Werte an sekundären Pflanzenstoffen sehr empfehlenswert.

Ballaststoffe ohne Belastung

Magen und Darm bestehen zu einem großen Teil aus ringförmigen Muskeln. Sie benötigen, wie jeder Muskel, ausreichend Bewegung. Das Bodybuilding für den Darm besteht im Verdauen einer faserreichen, harten Ernährung. Fasern und Ballaststoffe sind vor allem das Stütz- und Haltegewebe von Pflanzen, die wir mit der Nahrung aufnehmen. Wir können diese nicht verdauen und scheiden sie wieder aus. Im Lauf der Evolution hat der Mensch täglich etwa 150 Gramm Ballaststoffe aufgenommen, heute sind es höchstens 20 Gramm. Die unverdaulichen Fasern sind jedoch kein unnötiger Ballast. Sie trainieren die Darmmuskeln und sorgen durch ihre große Wasserbindung für einen weichen Stuhl. Bei geringer Aufnahme erschlaffen die Darmmuskeln, und der Stuhl verhärtet sich.

Training für den Darm

Durch bewusste Aufnahme von faserreichen Nahrungsmitteln sowie durch Meidung von ballaststoffarmen Extraktnahrungen kann man auf doppelte Weise dem Darm helfen. Pflanzliche Nahrungsmittel wie Vollkornprodukte, Gemüse und Salate sollten den Schwerpunkt der täglichen Nahrung bilden, da sie am meisten Ballaststoffe enthalten. Da sie viel Masse, aber wenig Kalorien enthalten, kann man hier großzügig zugreifen. Günstig ist es darüber hinaus, Gemüse und Salat roh zu verzehren.

Die süße Verlockung

Völlig ohne Ballaststoffe ist Zucker. Er ist das Extrembeispiel für ein Extrakt. Aus einer etwa zwei Kilogramm schweren Zuckerrübe gewinnt man nur 100 Gramm reine Energie. Zucker löst eine überschießende Produktion von Verdauungssäften aus. Es ist fast so, als ob der Magen »denken« würde, dass so viel Zucker nur in Verbindung mit Fasern vorstellbar sei. Als Folge geht die massive Produktion von Säure und Enzymen ins Leere und attackiert die Magenwände. Wer zu Sodbrennen neigt, der weiß Bescheid. Ein Stück Schokolade löst zuverlässig das schmerzhafte Brennen aus.
Zucker und Süßigkeiten zu meiden ist daher der wichtigste und für viele Menschen der schwerste Schritt für eine gesunde Lebensweise. Am besten man gewöhnt sich die Lust auf Zucker grundsätzlich ab und verzichtet zumindest eine Weile auf Süße.

Süßes kann süchtig machen

Hochkalorische Süßigkeiten bewirken eine starke Ausschüttung von Insulin. Dadurch strömen Zucker (Glukose) und viele Aminosäuren (Eiweißbausteine) in die Zellen hinein. Einige wenige Aminosäuren machen hiervon jedoch eine Ausnahme, da sie fest an Transportmoleküle gebunden sind. Dadurch erhöht sich deren Konzentration im Blut. Tryptophan, der Rohstoff, aus dem Serotonin gebildet wird, gehört zu diesen Ausnahmen. Isst man z. B. Schokolade, erhöht sich die Tryptophan-Konzentration im Blut und später auch im Gehirn, wo es in Serotonin umgewandelt wird. Ein wohliges Gefühl ist die Folge. Isst man regelmäßig Süßes, kann eine regelrechte Sucht auf den Serotonin-Kick entstehen (siehe Seite 26)!

Info

Honig, brauner Zucker, Rohrzucker und Melasse sind aufgrund winziger Mengen an Begleitstoffen vielleicht ein klein bisschen weniger ungesund als weißer raffinierter Zucker, letztlich ist der Unterschied jedoch nur minimal.

Verzichtet man eine Zeit lang komplett auf Süßes, erlebt man anfänglich ähnliche Entzugserscheinungen wie beim Verzicht auf Alkohol oder Zigaretten. Die gute Nachricht: Nach spätestens sechs Wochen hat man es überwunden. Besonders hilfreich erweisen sich auch hier Bitterstoffe, z. B. als bittere Tees.

Säfte sind schlechter als ihr Ruf

Was für Zucker gilt, trifft auch für süße Säfte wie Apfel- oder Orangensaft zu. Für die Herstellung eines Liter Apfelsafts benötigt man in etwa vier Kilogramm Äpfel. Die wertvollen Fasern werden dabei entfernt, und die kalorienreiche, süße Flüssigkeit bleibt übrig. Natürlich sind im frischen Apfelsaft auch Vitamine, doch sollte man diese besser in Form von Äpfeln zu sich nehmen. Noch ungünstiger sind Süßgetränke wie Limonaden und Cola-Getränke. Sie tragen zur Reizung des Verdauungstrakts bei. Liegen stärkere Reizungen vor, sollte man sie vollständig meiden. Sind Magen und Darm in guter Verfassung, richtet gelegentlich ein Glas Apfelsaft, z. B. mit Mineralwasser, wenig Schaden an.

Wem es sehr schwer fällt, auf die süßen Naschereien zu verzichten, sollte Fencheltee trinken. Er hilft, den Süßhunger zu vertreiben.

Ein Gläschen in Ehren

Geringe Mengen an Bier und Wein sind wahrscheinlich unschädlich, vielleicht sogar förderlich für die Gesundheit – natürlich nicht für Kinder und bei einer Reihe von Krankheiten. Als »gering« bezeichnet man etwa 1/4 Liter Wein oder eine Flasche Bier pro Tag. Günstig ist es vor allem, nicht jeden Tag Alkohol zu sich zu nehmen. Frauen sind übrigens hier von der Natur benachteiligt: Ihre Leber kann den Alkohol schlechter abbauen als die von Männern.

Die gute Milch ...

Milch ist als Getränk für Erwachsene oft problematisch. Nach der Kindheit können einige Menschen Milch häufig weniger gut abbauen als im Kindesalter. Dies hängt mit dem Mangel an dem für den Abbau benötigten Enzym Laktase zusammen. Der Milchzucker (Laktose) kann in diesem Fall nicht oder nicht vollständig abgebaut werden und stört die natürliche Darmflora. Kuhmilch ist auch die häufigste Ursache von Nahrungsmittelallergien. Verträglicher sind Sauer- oder Buttermilch und andere gesäuerte Milchprodukte wie Joghurt oder Dickmilch. Diese enthalten auch genauso viel des wertvollen Kalziums. Milch in kleinen Mengen – etwa im Kaffee – ist meist unproblematisch.

Milch kann das Darmlymphsystem belasten. Falls man Darmprobleme hat, empfiehlt es sich, eine Zeit lang Milch, Kakao u. Ä. zu meiden und gleichzeitig zu beobachten, wie sich diese Zurückhaltung auswirkt.

Zwischenmahlzeiten

Jede Verdauung ist eine geregelte Abfolge von sehr komplexen biochemischen Schritten. Sie beginnt bereits vor dem Essen, wenn man hungrig wird oder etwas Leckeres riecht. Der Speichel, der erste Verdauungssaft, beginnt zu fließen. Der Verdauungsprozess braucht vor allem Zeit, um ungestört und vollständig ablaufen zu können. Die Verdauungszeit im Magen variiert zwischen zwei und neun Stunden, abhängig davon, was und wie viel man gegessen hat. Wenn man vor Beendigung dieses Verdauungsprozesses etwas zu sich nimmt, so kann ein Teil der Nahrung nicht vollständig verdaut werden. Die unaufgeschlossenen Anteile gären und reizen die Schleimhäute. Der Rat, drei Mahlzeiten einzuhalten, steht im Gegensatz zu der häufigen Empfehlung, Zwischenmahlzeiten zu sich zu nehmen. Gerade bei Verdauungsstörungen erweisen sich Pausen jedoch als hilfreich.
Einige Menschen kommen mit diesem Rat jedoch nicht zurecht. Zwei Stunden nach der letzten Mahlzeit wird ihnen flau zu Mute, Schwindel und Heißhunger setzen ein. Es handelt sich

Man sollte als Faustregel fünf Stunden Pause zwischen den Mahlzeiten einhalten. Im Einzelfall kann dies etwas kürzer oder länger sein, entsprechend der Art der Nahrung, die man zu sich genommen hat. Ein Knäckebrot benötigt nur ein bis zwei Stunden, Aal dagegen acht Stunden bis zur vollständigen Verdauung.

dabei um einen raschen Abfall des Blutzuckerspiegels, der für die Symptome verantwortlich ist. Es liegt nahe, diese mit etwas Süßem zu bekämpfen. Doch damit hilft man sich allenfalls kurzfristig, denn der Blutzuckerabfall beruht nicht auf einem Nahrungsmangel. Er ist Ausdruck einer Regulationsstörung, die vor allem Menschen betrifft, die viel Süßes zu sich nehmen. Dieses löst eine übermäßige Ausschüttung von Insulin aus, und der Blutzucker stürzt ab. Isst man nun im Zwei-Stunden-Takt, nimmt man zwar auf die Störung Rücksicht, gleichzeitig verfestigt sich diese aber. Sinnvoller ist es, auf das hochkalorische Süße zu verzichten und die Regulation des Körpers zu verbessern, indem man schrittweise die Pausen zwischen den Mahlzeiten verlängert. Innerhalb von einigen Wochen ist man von den Schwächeattacken und von der Abhängigkeit der erzwungenen Zwischenmahlzeiten befreit.

Klasse statt Masse beim Fleisch

Viele Menschen verzehren zu viel Fleisch- und Fleischprodukte, im Durchschnitt 250 Gramm pro Tag. In der Geschichte der Menschheit ist dies einmalig! Aus vielen Gründen ist dies nicht nur ungünstig, sondern bedenklich. Die hohen Mengen an tierischem Eiweiß tragen zu Arteriosklerose und Bluthochdruck bei. Auch bei der Entstehung verschiedener rheumatischer Erkrankungen spielt tierisches Eiweiß ein Rolle. Zusätzlich ist das Fleisch bei der Massentierhaltung übermäßig mit Antibiotika, Hormonen und Medikamenten angereichert. Stoffe, die mitverantwortlich für die bedrohliche Zunahme der Allergien sind. Das bedeutet nicht, dass Sie ganz ohne Fleisch oder Fisch leben sollten. Klasse statt Masse ist die Devise! Als Regel sollten Sie so wie unsere Vorfahren etwa ein- bis zweimal pro Woche Fisch und/oder Fleisch essen. Bei Wurst entscheiden Sie sich möglichst für fettarme Geflügel- oder Rinderprodukte.

Umstellung der Ernährung

Vielleicht denken Sie jetzt: »Na ja, so ähnlich habe ich die Ratschläge schon öfters gehört, so ganz falsch lebe ich doch nicht.« Oder: »Ich mache doch alles richtig, und trotzdem geht es mir schlecht!« Oder: »Wenn ich all die gesunden Sachen wie Vollkornbrot esse, dann geht es meinem Bauch viel schlechter, als bei Weißbrot oder Toast.« In der Tat sind die Ernährungsvorschläge nicht sehr originell. Noch schlimmer, würde ein Patient mit Darmproblemen sie befolgen, dann ginge es ihm sogar schlechter! Rohes Obst, rohes Getreide, Müsli und Salate verschlechtern die Beschwerden im gereizten Darm äußerst zuverlässig!

Teufelskreis

Viele Patienten mit Verdauungsproblemen vertragen gesunde Ernährung nicht. Faserarme Konzentrate machen zunächst weit weniger Beschwerden als »gesundes« Essen. Doch das kann zu einem Teufelskreis führen: Vermeidet man das »Gesunde«, weil man es nicht verträgt, so verliert der Darm immer mehr Muskulatur, wodurch er Grobes und Frisches noch schlechter verdauen kann. Somit entsteht eine Spirale der Schonung, an deren Ende man immer weniger Nahrungsmittel verträgt. Ist der Verdauungstrakt gereizt, dann kommt er mit einer »an sich« gesunden Ernährung nicht zurecht. Schont man jedoch den Magen-Darm-Trakt mit Weißbrot und Toast, dann leidet man zwar unter weniger Beschwerden, verfestigt jedoch gleichzeitig die Störung, da die Darmmuskulatur nicht aufgebaut wird.

Darmjogging

Ähnlich wie beim Sport liegt die Lösung in einer stufenweisen Belastung des Darms. Nach einer Phase der Ausheilung wird schrittweise die Anstrengung gesteigert und so der Darm lang-

Info

Bei der Umstellung der Ernährung ist es wie beim gesunden Sport. Es ist nicht gut, lange Läufe zu absolvieren, wenn Muskeln und Gelenke untrainiert sind oder Krankheiten den Bewegungsapparat beeinträchtigt haben. Das Trainingsprogramm für den Darm besteht aus einer Ausheil- und einer Aufbauphase.

sam an eine normale Funktion herangeführt. Am Ende soll sich der Verdauungstrakt in einem so guten Zustand befinden, dass er in der Lage ist, gesunde Ernährung zu verdauen, die dann selbst zur Darmgesundheit beiträgt.

Linderung Schritt für Schritt

Am Anfang der Ernährungsumstellung, um Reizungen im Magen-Darm-Trakt zu überwinden, steht eine Phase der Schonung und Ausheilung. Sie dauert meist zwei Wochen. Dann folgt eine etwa vierwöchige Aufbauperiode, in der man stufenweise zu einer gesunden Kost übergeht.

Ausheilphase

Für körperliche Schwerarbeit ist die Schonkost nicht unbedingt ideal. Deshalb empfiehlt es sich, den Anfang einer Ernährungsumstellung in den Urlaub zu legen. Leichtere Belastungen oder Bürotätigkeiten kann man jedoch vollbringen, und manch einer ist froh um die Ablenkung.

Die erste Stufe der Ernährungsumstellung dient dazu, die Reizung im Magen-Darm-Trakt zu beseitigen. Sie ist die wichtigste, aber auch schwerste Zeit und sollte etwa zwei Wochen dauern.

- In dieser Zeit wird auf Rohes und Frisches verzichtet. Das Essen besteht ausschließlich aus Gekochtem, vor allem Getreide, Reis und Kartoffeln. Beim Kochen dieser Nahrungsmittel entsteht ein Schleimfilm, der den Verdauungstrakt umhüllt und schützt. Besonders ausgeprägt ist dieser Effekt bei Hafer, Gerste und Reis. Gleichzeitig nimmt man mit dieser Ernährung bereits reichlich Fasern zu sich. Im gekochten Zustand reizen die erwünschten Fasern jedoch nicht, da sie zum größten Teil in Lösung übergehen. Trotzdem stellen sie bereits eine sanfte Art des Bewegungstrainings für die Darmmuskeln dar.
- Als Getränke dienen vor allem Wasser, z. B. Leitungswasser, Mineralwasser oder Tee. Wenn man Kaffee gewohnt ist, darf man nicht plötzlich darauf verzichten, da es sonst zu einem Koffeinentzugskopfschmerz kommt. Fruchtsäfte, Limonaden und Alkohol sollte man in den ersten sechs Wochen nicht zu sich nehmen. Während der ersten Wochen muss man erfahrungsgemäß

sehr viel Wasser lassen, und die Ödeme (Wassereinlagerungen) lassen nach. Auch wenn man zu Ödemen neigt, sollte man reichlich trinken. Faustregel: Der Urin sollte möglichst wasserklar sein!

- Süßigkeiten und Zwischenmahlzeiten sind nicht angebracht.
- Weder Salat noch Obst stehen auf dem Speiseplan. Gemüse liefert lediglich die Geschmacksgrundlage für die Suppen, wird aber nicht selbst verspeist.
- Manche Menschen leiden am Anfang unter unangenehmen Heißhungerattacken und Schwächegefühlen. Gegen beides helfen Bittertees recht gut. Trinken Sie bei solchen Krisen eine Tasse Wermut-, Tausendgüldenkraut- oder Fencheltee. Wenn es ganz schlimm kommt, kann man eine Reiswaffel essen.

Diese erste Phase kann etwas mühevoll sein. Durch abwechslungsreiche Rezepte wird die Umstellung jedoch erleichtert, und man kann mit dieser Methode sehr leicht überflüssige Pfunde abbauen. Es lohnt sich, konsequent zu bleiben, denn erfahrungsgemäß bringt eine Ernährungsumstellung, die nur zu 80 Prozent durchgeführt wird, nur 50 Prozent des Erfolgs!

Mit der Zeit zeigen sich die positiven Begleiterscheinungen: Der Blutdruck sinkt, man kann besser schlafen, Übelkeit, Sodbrennen und Blähungen hören auf.

Aufbauphase

Später kann man den Darm in mehreren Stufen stärker belasten. Es ist die Trainingsphase. Auch hierzu gibt es Tipps und zahlreiche Rezepte. Möglicherweise müssen Sie hier mit der Nahrung etwas »spielen«. Manches verträgt man besser, anderes weniger. Wenn es im Bauch laut rumpelt und rumort, dann sollte man mit dem Aufbau langsamer machen. Haben Sie hier Geduld mit sich selbst.

Dauerhafte Ernährung

Ist der Darm ausgeheilt und gut trainiert, kann man auf alle Kochbücher zurückgreifen, die eine vorwiegend vegetarische Vollwertkost mit sehr wenig Zucker und Süßem vorstellen.

Die Rezepte sind als Anregungen zu verstehen. Fühlen Sie sich frei, aus den angeführten Grundbestandteilen neue Kreationen zu schaffen. Unter www.weiss.de finden Sie ein Forum, in dem man sich mit Gleichgesinnten treffen und Gedanken sowie Rezepte austauschen kann.

Rezepte bei Fibromyalgie

Ein dauerhaft gereizter Darm muss behutsam Schritt für Schritt an eine leichte Vollwertkost gewöhnt werden. Die folgenden Rezepte sind in vier Gruppen gegliedert, die jeweils einer Stufe der Ernährungsumstellung entsprechen. Vor allem die erste Gruppe dient zur Ausheilung, dann steigert sich die Belastung und führt zu einer langfristig empfehlenswerten Ernährungsweise.

Ist der Verdauungstrakt gereizt, empfiehlt es sich, für jede Stufe zwei Wochen einzuplanen. Nach vier Wochen kann man bereits wieder den köstlichen Nudel-Gemüse-Salat (siehe Seite 89) genießen.

Erste Stufe – Schonkost

Ziel dieser Ernährungsphase ist es, den Magen-Darm-Trakt zu entlasten und auszuheilen. Dazu sollen für etwa zwei Wochen ausschließlich gekochtes Getreide, Reis und Kartoffeln gegessen werden. Suppen werden am besten vertragen. Natürlich ist so eine Einschränkung am Anfang nicht ganz leicht. Doch um diese Phase trotzdem kulinarisch attraktiv zu gestalten, dienen die folgenden Rezeptvorschläge, die man nach eigenen Vorstellungen variieren kann. Man sollte jedoch das Grundprinzip einhalten: Lediglich gekochte Nahrung, kein Obst, kein Gemüse, keine Säfte, kein Fleisch und nichts Süßes verzehren! Wenn Sie viel Gewicht reduzieren möchten, können Sie auf der ersten Stufe drei oder mehr Wochen verweilen und dabei nach Rücksprache mit Ihrem Arzt zusätzlich ein ausgewogenes Multivitaminpräparat einnehmen.

Überraschenderweise kann die Nahrung anfänglich zur Verstopfung führen. Wenn dies sehr ausgeprägt ist, kann man zusätzlich Lein- oder Flohsamen oder Haferkleie mit viel Flüssigkeit zu sich nehmen.

Hafergrütze

Für 1 Portion
80 g gemahlener Hafer
1/2 Vanilleschote
1 Prise Salz
1 Tablette Süßstoff
Saft von 1/2 Zitrone
1/2 TL Zimt

1 In einem Topf 1/2 Liter Wasser mit dem Hafer, der Vanilleschote und wenig Salz zum Kochen bringen. Die Hitze reduzieren und den Hafer in etwa 10 Minuten weich kochen.

2 Den Süßstoff in dem Zitronensaft auflösen. Die Grütze mit dem gesüßten Zitronensaft und dem Zimt würzen.

Zubereitungszeit: 20 Minuten

Gesamt: 1370 kJ/325 kcal, 10 g Eiweiß, 5 g Fett, 59 g Kohlenhydrate, 3 g Ballaststoffe, 0 mg Cholesterin

Tipp Hafergrütze ist in vielen Ländern der Welt das traditionelle Frühstück. Als Abwechslung kann so eine Grütze auch mit Buchweizen zubereitet werden. Am Anfang empfiehlt es sich, sowohl Hafer als auch Buchweizen nur gemahlen zu kochen. Dadurch werden beide, wie jedes gemahlene Getreide, leichter verdaulich. Die Grütze schmeckt warm oder kalt.

Gemüsebrühe

Für 1 Portion
1 Zwiebel
100 g Knollensellerie
100 g Porree
1 Bund Petersilie
1 Lorbeerblatt
Salz, frisch gemahlener Pfeffer

Gesamt: 30 kJ/7 kcal, 0,5 g Eiweiß, 0 g Fett, 1 g Kohlenhydrate, 1 g Ballaststoffe, 0 mg Cholesterin

1 Die Zwiebel abziehen und vierteln. Den Sellerie und den Porree putzen und klein schneiden. Die Petersilie waschen, trockenschütteln, die Blätter abzupfen und fein hacken.

2 Die vorbereiteten Zutaten mit dem Lorbeerblatt, etwas Salz und Pfeffer in 1 Liter Wasser aufkochen und bei schwacher Hitze 15 Minuten garen. Die Brühe abseihen.

Zubereitungszeit: 25 Minuten

Tipp Diese Brühe kann man »pur« zu sich nehmen oder als Grundlage für andere Suppen verwenden.

Hafersuppe

Für 1 Portion
2 EL grob geschroteter Hafer
1/2 l Gemüsebrühe
1/4 Bund Petersilie
1 Prise frisch geriebene Muskatnuss
1 Prise getrockneter Majoran

Gesamt: 340 kJ/80 kcal, 3 g Eiweiß, 1 g Fett, 14 g Kohlenhydrate, 1 g Ballaststoffe, 0 mg Cholesterin

1 Den Hafer ohne Fett in einer heißen Pfanne kurz anrösten.

2 Mit Gemüsebrühe ablöschen, zum Kochen bringen und 3–4 Minuten zugedeckt bei schwacher Hitze leicht kochen lassen.

3 Die Petersilie waschen, trockenschütteln, die Blätter abzupfen und fein hacken. Die Suppe mit Muskatnuss und Majoran würzen und die Petersilie zugeben.

Zubereitungszeit: 15 Minuten

Roggenschrotsuppe

Für 1 Portion
2 EL grob geschroteter Roggen
1/2 l Gemüsebrühe
2 EL Obstessig
zerstoßener Kümmel
zerstoßene Korianderkörner

Gesamt: 300 kJ/72 kcal, 2 g Eiweiß, 0 g Fett, 13 g Kohlenhydrate, 4 g Ballaststoffe, 0 mg Cholesterin

1 Den Roggen ohne Fett in einer heißen Pfanne kurz rösten.

2 Den angerösteten Roggen mit der Gemüsebrühe ablöschen, zum Kochen bringen und 3–4 Minuten zugedeckt bei schwacher Hitze leicht kochen lassen.

3 Die Suppe mit Essig, Kümmel und Koriander würzen.

Zubereitungszeit: 15 Minuten

Indische Reissuppe

1 Den Safran mit 2 Esslöffel heißem Wasser übergießen und einweichen lassen. Die Zwiebel abziehen und ganz lassen.

2 Die Gemüsebrühe mit der Zwiebel, der Reismischung, der Zimtstange, der Gewürznelke, der Kardamomkapsel und dem Lorbeerblatt aufkochen. Die Hitze reduzieren und nach Packungsangabe etwa 15 Minuten kochen, bis die Reismischung gar ist.

3 Den Safran mit dem Einweichwasser zur Suppe geben. Die Zwiebel und die Gewürze entfernen. Die Suppe mit Salz, Pfeffer und Zitronensaft würzen.

Zubereitungszeit: 25 Minuten

Info Getreide enthält sehr viele Faserstoffe. Ist es zu roh oder grob, kann dies zu Blähungen führen. Besser ist es, die Körner fein zu mahlen bzw. länger zu kochen.

Für 1 Portion

1 Messerspitze Safran
1 Zwiebel
1/2 l Gemüsebrühe
80 g 7-Korn-Reismischung
1 kleine Zimtstange
1 Gewürznelke
1 Kardamomkapsel
1 Lorbeerblatt
Salz, frisch gemahlener Pfeffer
Saft von 1/2 Zitrone

Gesamt: 1205 kJ/288 kcal, 9 g Eiweiß, 2 g Fett, 57 g Kohlenhydrate, 10 g Ballaststoffe, 0 mg Cholesterin

Die indische Reissuppe wirkt beruhigend und lindert somit wohltuend einen gereizten Magen und Darm.

Getreidearten und andere Körner

Amaranth

Dies ist kein Getreide, sondern ein Fuchsschwanzgewächs. Hohe Gehalte an wertvollem Eiweiß, Kalzium und Phosphor. Amaranth enthält kein Klebereiweiß.

Buchweizen

Dies ist kein Getreide, sondern ein Knöterichgewächs, lässt sich jedoch wie Getreide verarbeiten. Kein Klebereiweiß, reich an Lysin, Lezithin, Kupfer und ungesättigten Fettsäuren.

Bulgur und Pil-Pil

Vorgekochter bzw. gedämpfter und getrockneter Hartweizen. Benötigen nur kurze Kochzeiten.

Couscous

Gekochter Hartweizen, der getrocknet und zerkleinert wurde. Wird als grober Grieß bezeichnet.

Dinkel

Hierbei handelt es sich um eine spezielle Weizenart, bei der die Spelzen fest mit dem Getreidekorn verwachsen. Dinkel zeichnet sich durch gute Backeigenschaften aus. Er ist reich an Mineralien wie Eisen und Magnesium und reich an B-Vitaminen. Dinkel wird oft besser als Weizen vertragen.

Gerste

Eine alte Kulturpflanze, die weltweit vertreten ist. Kommt als Sommer- und Wintergerste vor. Reich an Vitamin B_1, Niazin, Magnesium, Zink und Kieselsäure. Gute Schleimbildung, daher günstig bei Magen-Darm-Beschwerden. Geschliffene und geschälte Gersten werden Graupen genannt.

Grünkern

Unreif geernteter und bei 120 °C gerösteter Weizen, der dadurch keine Keimfähigkeit aufweist. Zum Backen ungeeignet, jedoch häufig verwendet für Suppen, Bratlinge, Füllungen usw.

Hafer

Weiches Korn mit dem höchsten Fettgehalt aller Getreide. Hafer enthält viel Eisen, Magnesium, Zink, Vitamin B und E. Er eignet sich nicht zum Backen, sondern muss mit der gleichen Menge Weizen gemischt werden. Hafer soll wegen seines Saponingehalts günstig bei Diabetes sein. Sehr leicht verdaulich. Gute Schleimbildung, dadurch günstig bei Magen-Darm-Beschwerden.

Hirse
Älteste Kulturpflanze. Einziges Getreide, das praktisch alle lebensnotwendigen Stoffe in ausreichender Menge enthält. Reich an B-Vitaminen, Eisen, Magnesium, Kupfer, Mangan, Kieselsäure, ungesättigten Fettsäuren, allen zehn essenziellen Aminosäuren. Enthält kein Gluten, daher zum Backen ungeeignet.

Kamut
Eine Urform des Weizens. Wurde in den USA wiederentdeckt, neu kultiviert und als eingetragenes Markenzeichen gesetzlich geschützt. Hoher Eiweißgehalt, gute Klebereigenschaft.

Mais
Enthält den geringste Wertstoffgehalt von allen Getreidearten, kein Klebereiweiß. Ergibt zusammen mit Bohnen eine günstige Kombination von Proteinen (Eiweiß). Gelber Mais enthält Karotin.

Quinoa
Sprich: »Kin-wa«; ist kein Getreide, sondern ein Gänsefußgewächs aus Südamerika. Weist hohe Gehalte an wertvollem Eiweiß, Vitaminen, Mineralien und ungesättigten Fettsäuren auf.

Roggen
Kann im Gegensatz zu Weizen nicht mit Hefe, sondern nur mit Sauerteig verbacken werden. Seine Zusammensetzung ist ähnlich dem Weizen, jedoch weist er weniger Fett und Proteine auf.

Reis
Grundnahrungsmittel für die Hälfte der Weltbevölkerung. Kein Gluteneiweiß. Gute Schleimbildung, leicht verdaulich, hoher Gehalt an Vitamin-B-Komplex und Niazin. Viel Kalium, wenig Natrium, dadurch entwässernd. Der geschälte Naturreis (brauner Reis) ist die eigentliche Reisfrucht und ein vollwertiges Lebensmittel, hat aber nur eine begrenzte Haltbarkeit. Der weiße Reis enthält nur Stärke, kaum Wertstoffe. Es gibt zahlreiche Angebotsformen: Langkorn-, Rundkorn-, Risottoreis usw. Parboiled Reis ist so behandelt, dass Vitalstoffe aus der Schale ins Innere getrieben werden. Wildreis ist nicht mit Reis verwandt, sondern ist ein Wassergras, das in Gewässern Nordamerikas wächst.

Weizen
Er ist reich an Klebereiweiß (Gluten) und hat daher ausgezeichnete Backeigenschaften. Reich an hochwertigen ungesättigten Fettsäuren, besteht Weizen zu einem Drittel aus wertvollen Eiweißen (Proteinen). Allerdings löst er häufig Allergien aus. Auch ist er des Öfteren unverträglich, was vor allem bei der Sprue, einer Gluten-Unverträglichkeit, zum Ausdruck kommt.

Für 1 Portion
50 g grob geschroteter Grünkern
1 Zwiebel
1/2 l Gemüsebrühe
Salz, frisch gemahlener Pfeffer
50 ml trockener Riesling
50 g Petersilie

Gesamt: 910 kJ/217 kcal, 7 g Eiweiß, 2 g Fett, 34 g Kohlenhydrate, 6 g Ballaststoffe, 0 mg Cholesterin

Grünkernsuppe

1 Den Grünkern mindestens 2 Stunden, besser über Nacht in kaltem Wasser einweichen.

2 Die Zwiebel abziehen und mit dem aufgequollenen Getreide in die Gemüsebrühe geben. Aufkochen, die Hitze etwas reduzieren und das Getreide in 15 Minuten weich kochen. Die Suppe mit Salz und Pfeffer würzen und zum Schluss den Wein zugeben.

3 Die Petersilie waschen, trockenschütteln, die Blätter abzupfen und fein hacken.

4 Die Suppe von der Kochstelle nehmen, die Zwiebel entfernen und die Petersilie unterrühren.

Zubereitungszeit: 25 Minuten + 2 Stunden einweichen

Für 1 Portion
80 g Nacktgerste (zu Beginn der Ernährungsumstellung geschrotet)
1 Zwiebel
1 Möhre
1 Stück Knollensellerie (50 g)
1/2 l Gemüsebrühe
1 EL frisch gehackte Petersilie
1 TL frisch gehackter Bärlauch
1 TL getrocknete Suppenkräuter

Gesamt: 1118 kJ/267 kcal, 7 g Eiweiß, 1 g Fett, 55 g Kohlenhydrate, 10 g Ballaststoffe, 0 mg Cholesterin

Gerstensuppe

1 Die Gerste über Nacht in kaltem Wasser einweichen.

2 Die Zwiebel abziehen, die Möhre schälen, den Sellerie nach Bedarf putzen und alles ganz lassen.

3 Die geschrotete Gerste mit der Zwiebel, der Möhre und dem Sellerie in die Gemüsebrühe geben und etwa 15 Minuten kochen (bei ungeschroteter Gerste etwa 80 Minuten).

4 Zwiebel, Möhre und Sellerie entfernen. Petersilie, Bärlauch und Suppenkräuter zur Suppe geben und etwa 5 Minuten ziehen lassen.

Zubereitungszeit: 30 Minuten + 12 Stunden einweichen

Amaranthsuppe

Für 1 Portion
1 Möhre
1/2 Kohlrabi
80 g Amaranth
3/4 l Gemüsebrühe
2 EL frische Kräuter (z. B. Kerbel, Petersilie)

Gesamt: 1247 kJ/298 kcal, 12 g Eiweiß, 7 g Fett, 46 g Kohlenhydrate, 10 g Ballaststoffe, 0 mg Cholesterin

1 Das Gemüse nach Bedarf waschen, schälen, putzen und ganz lassen.

2 Amaranth und Gemüse in 3/4 Liter Brühe aufkochen, die Hitze reduzieren und in etwa 25 Minuten weich kochen.

3 Das Gemüse aus der Suppe entfernen und die Suppe mit den Kräutern würzen.

Zubereitungszeit: 35 Minuten

Reissuppe

Für 1 Portion
80 g Reis
1/2 l Gemüsebrühe
Salz
1 EL gehackte Petersilie oder Kresse

Gesamt: 1213 kJ/290 kcal, 6 g Eiweiß, 1 g Fett, 64 g Kohlenhydrate, 2 g Ballaststoffe, 0 mg Cholesterin

1 Den Reis nach Packungsanleitung in der Gemüsebrühe in etwa 20 Minuten weich kochen.

2 Bei Bedarf mit etwas Salz würzen und die Kräuter zufügen.

Zubereitungszeit: 25 Minuten

Tipp Probieren Sie unterschiedliche Reissorten, einzeln oder noch besser gemischt, aus. Zur Auswahl stehen z. B. Vollkornreis, Roter Naturreis, Langkorn-, Rundkorn- oder Wildreis.

Steinpilzdinkel

Für 1 Portion
70 g Dinkel (zu Beginn geschrotet)
1 TL Steinpilz-Hefebrühe
1/2 l Gemüsebrühe
frisch gehackte Kräuter (z. B. Petersilie, Schnittlauch, Dill, Kresse)
Salz, frisch gemahlener Pfeffer

Gesamt: 984 kJ/235 kcal, 10 g Eiweiß, 2 g Fett, 44 g Kohlenhydrate, 9 g Ballaststoffe, 0 mg Cholesterin

1 Den Dinkel über Nacht in kaltem Wasser einweichen.

2 Die Steinpilz-Hefebrühe mit der Gemüsebrühe aufkochen. Den Dinkel zugeben und in etwa 10 Minuten weich kochen (bei ungeschrotetem Dinkel verdoppelt sich die Kochzeit).

3 Die Kräuter unterrühren und das Ganze mit Salz und Pfeffer würzen.

Zubereitungszeit: 20 Minuten + 12 Stunden einweichen

Kamutsuppe

Für 1 Portion
50 g Kamut
1 Zwiebel
1 Möhre
1 kleines Stück Knollensellerie
1/4 Stange Porree
100 g Rindfleisch zum Kochen
Salz, frisch gemahlener Pfeffer
1 EL gehackte Petersilie, Schnittlauch oder Kräuter der Saison

Gesamt: 803 kJ/192 kcal, 9 g Eiweiß, 2 g Fett, 33 g Kohlenhydrate, 7 g Ballaststoffe, 6 mg Cholesterin

1 Den Kamut über Nacht in kaltem Wasser einweichen.

2 Am nächsten Tag den Kamut abtropfen lassen. Die Zwiebel abziehen, die Möhre, den Sellerie und den Porree nach Bedarf waschen, schälen und putzen und alles ganz lassen.

3 In einem Topf 3/4 Liter Wasser mit dem Gemüse und dem Fleisch zum Kochen bringen. Den aufgequollenen Kamut zugeben und 80 Minuten bei schwacher Hitze kochen. Das Gemüse und das Fleisch entfernen. Die Suppe salzen, pfeffern und die Kräuter zufügen.

Zubereitungszeit: 1 Stunde 30 Minuten + 12 Stunden einweichen

Tipp Wenn Sie nicht abnehmen möchten, können Sie Getreide, Reis oder Kartoffeln mit Öl anrösten und vor dem Servieren Sahne, Crème fraîche oder Butter unterrühren.

Kerbelsuppe

Für 1 Portion
90 g grob geschroteter Buchweizen
1/2 l Gemüsebrühe
80 g Kerbel (ersatzweise Petersilie)
Salz, frisch gemahlener Pfeffer

Gesamt: 1467 kJ/350 kcal, 12 g Eiweiß, 2 g Fett, 70 g Kohlenhydrate, 7 g Ballaststoffe, 0 mg Cholesterin

1 Den Buchweizen in der Gemüsebrühe aufkochen und bei schwacher Hitze 25 Minuten ausquellen lassen.

2 Den Kerbel waschen, trockenschütteln, die Blätter von den Stängeln zupfen, fein hacken, zur Suppe geben und einmal aufkochen lassen.

3 Die Suppe mit Salz und Pfeffer würzen.

Zubereitungszeit: 35 Minuten

Hirsesuppe

Für 1 Portion
60 g Hirse
1 Zwiebel
1 Möhre
1 Zucchini
1/2 l Gemüsebrühe
Salz, frisch gemahlener Pfeffer
1 EL Schnittlauchröllchen

Gesamt: 883 kJ/211 kcal, 7 g Eiweiß, 2 g Fett, 40 g Kohlenhydrate, 9 g Ballaststoffe, 0 mg Cholesterin

1 Die Hirse auf ein Backblech schütten und im Backofen 1 Stunde bei 80 °C (Umluft 70 °C) rösten, dabei das Blech ab und zu rütteln. (Oder die Hirse ohne Rösten zubereiten.)

2 Die Zwiebel abziehen, die Möhre schälen, die Zucchini nach Bedarf putzen und alles ganz lassen.

3 Die Brühe mit der Zwiebel, der Möhre und der Zucchini aufkochen. Die Hirse zugeben, einmal aufkochen und zugedeckt bei schwacher Hitze 30 Minuten quellen lassen.

4 Die Zwiebel, Möhre und Zucchini entfernen. Die Suppe mit Salz und Pfeffer würzen und den Schnittlauch einrühren.

Zubereitungszeit: 40 Minuten + 1 Stunde rösten

Tipp Schnittlauch am besten mit einer Schere schneiden.

Kartoffelsuppe Stufe 1

Für 1 Portion
400 g Kartoffeln
1 Zwiebel
1 Möhre
1 Stück Knollensellerie (etwa 50 g)
1/2 l Gemüsebrühe
3 Stängel Petersilie
Majoran
Salz, frisch gemahlener Pfeffer

Gesamt: 1088 kJ/260 kcal, 8 g Eiweiß, 1 g Fett, 54 g Kohlenhydrate, 9 g Ballaststoffe, 0 mg Cholesterin

1 Die Kartoffeln waschen, schälen und klein schneiden. Die Zwiebel abziehen, die Möhre schälen, den Sellerie nach Bedarf putzen und das Gemüse ganz lassen.

2 Die vorbereiteten Zutaten in der Gemüsebrühe weich kochen. Zwiebel, Möhre und Sellerie entfernen. Die Kartoffeln eventuell in der Brühe pürieren.

3 Die Petersilie waschen, trockenschütteln, die Blätter abzupfen, fein hacken und zugeben. Die Suppe mit Majoran, Salz und Pfeffer würzen.

Zubereitungszeit: 40 Minuten

Bulgur mit Rucola

Für 1 Portion
100 g Bulgur
1 Zwiebel
1 Möhre
1/4 unbehandelte Zitrone
1/2 l Brühe
etwa 10 g Rucola
Salz, frisch gemahlener Pfeffer

Gesamt: 752 kJ/180 kcal, 6 g Eiweiß, 1 g Fett, 37 g Kohlenhydrate, 5 g Ballaststoffe, 0 mg Cholesterin

1 Bulgur in die doppelte Menge kochendes Wasser geben, aufkochen lassen und zugedeckt 15 Minuten ziehen lassen.

2 Die Zwiebel abziehen, die Möhre schälen und beides ganz lassen. Zusammen mit der Zitrone in der Brühe aufkochen und 15 Minuten leicht kochen lassen. Die Brühe abseihen.

3 Bulgur in die Brühe geben. Rucola waschen und in die heiße Speise rühren. Mit Salz und Pfeffer würzen.

Zubereitungszeit: 30 Minuten

Info Bulgur bekommen Sie in Naturkostläden. Es ist ein Produkt aus Weizen, das schnell gar wird. Für seine Herstellung wird Weizen eingeweicht, gekocht, getrocknet und zerkleinert.

Kartoffelbrei mit Endiviensalat

Für 1 Portion
400 g Kartoffeln
3/8 l Gemüsebrühe
frisch geriebene Muskatnuss
Salz, frisch gemahlener Pfeffer
2 Blätter Endiviensalat

Gesamt: 1070 kJ/255 kcal, 8 g Eiweiß, 1 g Fett, 53 g Kohlenhydrate, 8 g Ballaststoffe, 0 mg Cholesterin

1 Die Kartoffeln waschen, schälen, klein schneiden und in der Gemüsebrühe in etwa 20 Minuten weich kochen.

2 Die Brühe abgießen und aufbewahren.

3 Die Kartoffeln zermusen und je nach gewünschter Konsistenz des Breis etwas Brühe untermischen.

4 Den Kartoffelbrei mit Muskatnuss, Salz und Pfeffer würzen.

5 Den Endiviensalat waschen, trockenschütteln, sehr fein schneiden und unter den Kartoffelbrei mischen.

Zubereitungszeit: 40 Minuten

Vollkornrisotto

1 Die Zwiebel abziehen und ganz lassen.

2 Den Risottoreis und die Zwiebel ohne Fett in einem Topf etwas andünsten. Mit Wein ablöschen und nach und nach unter Rühren die Gemüsebrühe zugießen. Das Gericht etwa 90 Minuten bei schwacher Hitze kochen lassen, bei Bedarf noch mehr Brühe zugießen.

3 Die Kräuter waschen, fein hacken, unterrühren und kurz mitdämpfen lassen. Die Zwiebel entfernen und das Risotto mit Salz abschmecken.

Zubereitungszeit: 1 Stunde 45 Minuten

Für 1 Portion

1 ganze Zwiebel
125 g Vollkorn-Risottoreis
50 ml trockener Riesling
1/2 l heiße Gemüsebrühe
50 g Kräuter (Petersilie, Basilikum, Rauke)
Salz

Gesamt: 2110 kJ/503 kcal, 11 g Eiweiß, 3 g Fett, 97 g Kohlenhydrate, 6 g Ballaststoffe, 0 mg Cholesterin

Kartoffelsalat

1 Die Kartoffeln waschen. Die Zwiebel abziehen.

2 Die ungeschälten Kartoffeln mit der Zwiebel und dem Kümmel weich kochen.

3 Die Zwiebel entfernen. Die Kartoffeln pellen und in Scheiben schneiden.

4 Die Petersilie waschen, trockenschütteln, die Blätter abzupfen, fein hacken, mit heißer Brühe übergießen und etwas abkühlen lassen. Den Weißweinessig zugeben.

5 Die Mischung über die Kartoffeln gießen und den Salat 1 Stunde ziehen lassen.

Zubereitungszeit: 40 Minuten + 60 Minuten durchziehen.

Für 1 Portion

400 g Kartoffeln
1 Zwiebel
1 TL Kümmel
3/8 l heiße Gemüsebrühe
3 Stängel Petersilie
etwa 1 EL Weißweinessig

Gesamt: 1090 kJ/260 kcal, 8 g Eiweiß, 1 g Fett, 54 g Kohlenhydrate, 8 g Ballaststoffe, 0 mg Cholesterin

Für Salat eignen sich am besten fest kochende Kartoffelsorten, da sie beim Garen nicht zerfallen.

Zweite Stufe – erweiterte Schonkost

Mit dieser Stufe sollte man nach etwa zwei Wochen beginnen. Der Darm sollte ruhiger geworden sein, Aufstoßen, Völlegefühl und Bauchschmerzen nachgelassen haben. Möglicherweise treten noch Blähungen auf, da die Nahrung viele Fasern enthält. Sind sie unangenehm oder schmerzhaft, sollte man das Getreide feiner mahlen und länger kochen. Nun baut sich die Nahrung langsam auf. Es kommt vor allem Gemüse und Obst hinzu. Sie können also alle Rezepte der ersten Stufe weiterverwenden und mit Gemüse und Obst ergänzen.

Ab jetzt dürfen Sie ihren Magen und Darm wieder an Gemüse und Obst gewöhnen. Lassen Sie sich die Gemüse-Reis-Suppe (siehe Seite 59) schmecken.

Weizen-Gemüse-Suppe

Für 1 Portion
1 1/2 TL Gemüse-Hefebrühe
80 g geschrotete Weizenkörner
100 g Möhren
1/2 Kohlrabi
2 Stängel Petersilie

Gesamt: 1275 kJ/305 kcal, 13 g Eiweiß, 3 g Fett, 56 g Kohlenhydrate, 13 g Ballaststoffe, 0 mg Cholesterin

1 Die körnige Brühe in 600 Milliliter Wasser auflösen. Den Weizen zugeben, aufkochen, die Hitze abschalten und das Getreide auf der Warmhaltestufe 10 Minuten quellen lassen.

2 Die Möhren und den Kohlrabi schälen und beides raspeln. Die Petersilie waschen, trockenschütteln, die Blätter abzupfen und fein hacken.

3 Das Gemüse und die Petersilie zur Suppe geben, nochmals kurz aufkochen lassen und den Weizen für weitere 5 Minuten ausquellen lassen.

Zubereitungszeit: 25 Minuten

Gemüse-Reis-Suppe Stufe 2

Für 1 Portion
1 kleine Zwiebel
1 Knoblauchzehe
1/2 Stange Porree
1 Möhre
1/2 l Gemüsebrühe
100 g Vollkornreis
2 Tomaten oder 1/2 Packung Tomatenstücke
3 Stängel Petersilie
Basilikum
1/4 TL Currypulver

Gesamt: 1104 kJ/263 kcal, 9 g Eiweiß, 2 g Fett, 54 g Kohlenhydrate, 9 g Ballaststoffe, 0 mg Cholesterin

1 Die Zwiebel abziehen und in feine Ringe schneiden. Den Knoblauch abziehen und durch eine Knoblauchpresse drücken. Den Porree waschen, putzen und nur das Weiße und das zarte Grün in feine Ringe schneiden. Die Möhre schälen und in Würfel schneiden.

2 In einem Topf die Zwiebel und den Knoblauch ohne Fett andünsten und mit Gemüsebrühe ablöschen.

3 Den Reis zugeben, aufkochen, die Hitze reduzieren und 20 Minuten kochen lassen. Die Möhre zugeben und bei schwacher Hitze weitere 20 Minuten leicht mitkochen lassen, bis Reis und Möhre weich sind.

4 Die Tomaten nach Bedarf putzen und in Stücke schneiden. Petersilie und Basilikum waschen und fein hacken. Die Tomaten und die Kräuter zur Suppe geben, noch einmal aufwallen lassen und mit Currypulver abschmecken.

Zubereitungszeit: 60 Minuten

Für 1 Portion
50 g Grünkern
1 Zwiebel
1/2 l Gemüsebrühe
1/2 Packung Tomatenstücke
1 Zucchini
frische oder tiefgefrorene Kräuter (Petersilie, Basilikum, Kerbel)
Salz, Cayennepfeffer

Gesamt: 938 kJ/223 kcal, 10 g Eiweiß, 2 g Fett, 40 g Kohlenhydrate, 9 g Ballaststoffe, 0 mg Cholesterin

Grünkernsuppe mit Gemüse

1 Den Grünkern über Nacht in kaltem Wasser einweichen.

2 Am nächsten Tag den Grünkern abtropfen lassen. Die Zwiebel abziehen, klein würfeln und ohne Fett andünsten. Mit der Gemüsebrühe ablöschen. Die Tomatenstücke und den Grünkern zugeben, aufkochen und etwa 10 Minuten bei schwacher Hitze leicht kochen lassen.

3 Inzwischen die Zucchini waschen, putzen und klein schneiden. Die Zucchinistücke zum Grünkern geben und für weitere 5 Minuten mitkochen. Die Kräuter unterrühren und die Suppe mit Salz und Cayennepfeffer abschmecken.

Zubereitungszeit: 30 Minuten + 12 Stunden einweichen

Für 1 Portion
400 g Kartoffeln
1 Zwiebel
1 Möhre
1 Stück Knollensellerie (etwa 50 g)
1/2 l Gemüsebrühe
Majoran
1/2 Stange Porree
3 Stängel Petersilie
Salz, frisch gemahlener Pfeffer

Gesamt: 1338 kJ/320 kcal, 12 g Eiweiß, 1 g Fett, 63 g Kohlenhydrate, 16 g Ballaststoffe, 0 mg Cholesterin

Kartoffelsuppe Stufe 2

1 Die Kartoffeln waschen, schälen und klein schneiden. Die Zwiebel abziehen und klein würfeln. Die Möhre schälen, den Sellerie nach Bedarf putzen und beides klein schneiden.

2 Die Kartoffeln und die Zwiebel ohne Fett andünsten und mit der Gemüsebrühe ablöschen. Die Möhren- und Selleriestücke zugeben, mit Majoran würzen und das Gemüse in etwa 20 Minuten weich kochen.

3 Inzwischen den Porree waschen, putzen und in Ringe schneiden. Die Petersilie waschen, trockenschütteln, die Blätter abzupfen und fein hacken.

4 Das Gemüse in der Brühe grob pürieren. Porree und Petersilie zugeben und alles mit Salz und Pfeffer abschmecken.

Zubereitungszeit: 40 Minuten

Bulgur ist geschliffener Weizen und gart sehr viel schneller als das ganze Korn. Zusammen mit Gemüse ein sättigendes Gericht.

Bulgur mit Gemüse

1 Den Bulgur in die 1 1/2fache Menge kochendes Wasser (225 Milliliter) geben, aufkochen lassen und zugedeckt 15 Minuten ziehen lassen.

2 Die Zwiebel abziehen und klein würfeln. Die Tomate und die Zucchini waschen, putzen und in kleine Würfel schneiden.

3 Die Zwiebel ohne Fett andünsten. Die Tomate und die Zucchini zufügen und kurz mitdünsten.

4 Alles mit Gemüsebrühe ablöschen und mit dem Zitronensaft würzen. Den gekochten Bulgur zugeben und mit Salz abschmecken.

5 Kresse oder Rucola fein schneiden und über das fertige Gericht streuen.

Zubereitungszeit: 30 Minuten

Für 1 Portion

150 g Bulgur
1 Zwiebel
1 Tomate
1 Zucchini
1/8 l Gemüsebrühe
Saft von 1/2 Zitrone
Salz
Kresse oder Rucola

Gesamt: 2428 kJ/580 kcal, 19 g Eiweiß, 2 g Fett, 118 g Kohlenhydrate, 14 g Ballaststoffe, 0 mg Cholesterin

Italienische Kamutpfanne

Für 1 Portion
70 g Kamut
3/4 l Gemüsebrühe
1 kleine Zwiebel
1/2 Packung Tomatenstücke
1 EL gehacktes Basilikum
1 EL tiefgefrorene italienische Kräuter

Gesamt: 1200 kJ/286 kcal, 13 g Eiweiß, 2 g Fett, 52 g Kohlenhydrate, 11 g Ballaststoffe, 0 mg Cholesterin

1 Den Kamut über Nacht in kaltem Wasser einweichen.

2 Am nächsten Tag den Kamut abtropfen lassen und in der Gemüsebrühe in etwa 90 Minuten weich kochen.

3 Die Zwiebel abziehen, fein würfeln und ohne Fett andünsten. Die Tomaten zugeben und mitdünsten. Den gekochten Kamut zugeben und mit Kräutern würzen.

Zubereitungszeit: 1 Stunde 40 Minuten + 12 Stunden einweichen

Info Kamut ist eine Urform des Weizens, die von dem amerikanischen Farmer Bob Quinn wiederentdeckt und durch jahrelange Arbeit wieder kultivierbar gemacht wurde. Der Name leitet sich von dem ägyptischen Namen für Weizen ab. Das Getreide ist offiziell als neue Sorte anerkannt und sein Name als eingetragenes Markenzeichen gesetzlich geschützt.

Dinkelpfanne

Für 1 Portion
150 g Dinkel
100 g Salatgurke
1 kleine Zwiebel
1/8 l Gemüsebrühe
1 EL gehackter Dill
Salz
frisch gemahlener weißer Pfeffer

Gesamt: 2110 kJ/504 kcal, 18 g Eiweiß, 4 g Fett, 98 g Kohlenhydrate, 14 g Ballaststoffe, 0 mg Cholesterin

1 Den Dinkel über Nacht in kaltem Wasser einweichen.

2 Am nächsten Tag den Dinkel in dem Einweichwasser aufkochen und zugedeckt bei mittlerer Hitze in etwa 20 Minuten weich kochen.

3 Die Salatgurke waschen, schälen, längs halbieren, die Kerne entfernen und das Fruchtfleisch in kleine Stücke schneiden. Die Zwiebel abziehen, fein würfeln und mit den Gurkenstücken ohne Fett andünsten.

4 Das Gemüse mit der Brühe ablöschen. Den gekochten Dinkel zugeben. Mit Dill, Salz und Pfeffer würzen und 5 Minuten durchziehen lassen.

Zubereitungszeit: 35 Minuten + 12 Stunden einweichen

Hirsotto mit Gemüse

1 Den Wein mit der Gemüsebrühe erhitzen. 1 Zwiebel abziehen, fein würfeln und ohne Fett goldgelb dünsten. Die Hirse zugeben, mit der heißen Flüssigkeit aufgießen, aufkochen und zugedeckt bei schwacher Hitze 20 Minuten garen.

2 Die zweite Zwiebel abziehen und fein würfeln. Die Möhre schälen und in kleine Würfel schneiden. Die Zucchini waschen, putzen und in feine Streifen schneiden.

3 Die Zwiebel ohne Fett glasig dünsten, die Möhre zugeben und bei schwacher Hitze 5 Minuten dünsten. Die Zucchini und die Tomatenstücke zufügen und weitere 5 Minuten garen. Mit Salz, Pfeffer und Zitronensaft würzen.

4 Die Hirse und das Gemüse zusammen anrichten.

Zubereitungszeit: 45 Minuten

Für 1 Portion

50 ml trockener Riesling
150 ml Gemüsebrühe
2 Zwiebeln
100 g Hirse (evtl. geröstet)
1 Möhre
1 Zucchini
1/2 Packung Tomatenstücke
Salz
frisch gemahlener weißer Pfeffer
1 EL Zitronensaft

Gesamt: 2022 kJ/483 kcal, 16 g Eiweiß, 5 g Fett, 82 g Kohlenhydrate, 21 g Ballaststoffe, 0 mg Cholesterin

Gemüsepfeffertopf mit Gerste

1 Die Gerste über Nacht in kaltem Wasser einweichen.

2 Am nächsten Tag die Gerste im Einweichwasser aufkochen und bei mittlerer Hitze in etwa 80 Minuten weich kochen.

3 Die Zwiebel abziehen und fein würfeln. Die Möhre schälen und klein schneiden. Den Romanesco nach Bedarf putzen.

4 Die Gemüsebrühe erhitzen und das Gemüse darin in etwa 10 Minuten weich kochen.

5 Die Petersilie waschen, trockenschütteln, die Blätter abzupfen und fein hacken. Zusammen mit dem grünen Pfeffer und der Gerste unter das Gemüse mischen.

Zubereitungszeit: 1 Stunde 30 Minuten + 12 Stunden einweichen

Tipp Statt Petersilie können Sie auch beliebig andere Kräuter nehmen.

Für 1 Portion

100 g Nacktgerste
1 Zwiebel
1 Möhre
10 Röschen Romanesco
1/2 l Gemüsebrühe
1/2 Bund Petersilie
1/2 TL grüner Pfeffer

Gesamt: 1794 kJ/428 kcal, 20 g Eiweiß, 3 g Fett, 78 g Kohlenhydrate, 21 g Ballaststoffe, 0 mg Cholesterin

Für 1 Portion
1/2 Zwiebel
80 g Hirse
1/2 l Gemüsebrühe
1 Möhre
3 Röschen Blumenkohl
Currypulver
2 EL frisch gehackte Petersilie

Gesamt: 1491 kJ/357 kcal, 15 g Eiweiß, 4 g Fett, 63 g Kohlenhydrate, 20 g Ballaststoffe, 0 mg Cholesterin

Wer keinen frischen Blumenkohl bekommt, kann auch tiefgefrorenen für das Gemüsecurry verwenden.

Gemüsecurry mit Hirse

1 Die Zwiebel abziehen, in feine Würfel schneiden und ohne Fett andünsten.

2 Die Hirse zugeben und etwa 3 Minuten mitdünsten. Mit Gemüsebrühe ablöschen, einmal aufkochen und zugedeckt etwa 15 Minuten bei schwacher Hitze garen lassen.

3 In der Zwischenzeit die Möhre schälen und klein schneiden. Zusammen mit dem Blumenkohl zur Hirse geben und für weitere 15 Minuten mitkochen. Das Gericht mit Currypulver würzen und die Petersilie untermischen.

Zubereitungszeit: 40 Minuten

Kartoffelgulasch

1 Kartoffeln waschen, schälen, längs vierteln und in der Brühe 15 Minuten kochen. Zwiebel und Knoblauch abziehen und fein würfeln. Gemüse waschen und putzen. Möhre klein würfeln, Paprikaschoten in feine Streifen und Frühlingszwiebeln in feine Ringe schneiden.

2 Die Zwiebel- und Möhrenwürfel ohne Fett andünsten und mit den Tomaten ablöschen. Das Lorbeerblatt zugeben und mit Salz, Pfeffer und Rosenpaprika würzen. Aufkochen lassen, die Hitze reduzieren und 5 Minuten leicht kochen lassen.

3 Die Paprikastreifen und die Kartoffeln zugeben und weitere 5 Minuten mitgaren. Die Frühlingszwiebelringe 1 Minute vor dem Servieren unter das Gulasch rühren.

Zubereitungszeit: 30 Minuten

Für 1 Portion

200 g kleine fest kochende Kartoffeln
1/8 l Gemüsebrühe
1 kleine Zwiebel
1 Knoblauchzehe
1 Möhre
je 1/2 gelbe und rote Paprikaschote
1 Bund Frühlingszwiebeln
1/2 Packung Tomatenstücke
1 Lorbeerblatt
Salz, frisch gemahlener Pfeffer
Rosenpaprika

Gesamt: 1042 kJ/248 kcal, 9 g Eiweiß, 2 g Fett, 47 g Kohlenhydrate, 16 g Ballaststoffe, 0 mg Cholesterin

Würziger Möhrenreis

1 Die Brühe erhitzen. Die Zwiebel abziehen und fein würfeln.

2 Die Zwiebel in einem Topf ohne Fett andünsten. Kardamom, Nelke und Zimt zufügen und kurz mitrösten. Den Reis unter die Gewürze rühren. Die heiße Brühe angießen, das Lorbeerblatt zufügen, leicht salzen und den Reis zugedeckt etwa 35 Minuten bei schwacher Hitze leicht kochen lassen.

3 Die Möhren schälen und in feine Stifte schneiden. Zum Reis geben und für weitere 10 Minuten mitgaren.

4 Die Frühlingszwiebel waschen, putzen und schräg in feine Ringe schneiden. Unter den fertigen Reis mengen und diesen zugedeckt noch einige Minuten ziehen lassen.

Zubereitungszeit: 50 Minuten

Für 1 Portion

1/2 l Hühnerbrühe oder Gemüsebrühe
1 Zwiebel
1 Kardamomkapsel
1 Gewürznelke
1 Stück Zimtstange (etwa 1 cm)
125 g Vollkornreis
1 Lorbeerblatt
Salz
100 g Möhren
1 Frühlingszwiebel

Gesamt: 2068 kJ/493 kcal, 12 g Eiweiß, 3 g Fett, 97 g Kohlenhydrate, 6 g Ballaststoffe, 0 mg Cholesterin

Für 1 Portion
50 g Grünkern
1/4 l heiße Gemüsebrühe
1 Zwiebel
je 1/4 gelbe und rote Paprikaschote
1 Frühlingszwiebel
1 kleiner Kopf Radicchio
Sauce
1 EL Balsamicoessig
Zitronensaft
Salz, frisch gemahlener Pfeffer
1 EL Olivenöl
1 Knoblauchzehe
1 TL frischer Thymian
Außerdem
1 EL frisches Basilikum

Gesamt: 1341 kJ/320 kcal, 9 g Eiweiß, 12 g Fett, 42 g Kohlenhydrate, 9 g Ballaststoffe, 0 mg Cholesterin

Radicchiosalat mit Grünkern

1 Den Grünkern über Nacht in kaltem Wasser einweichen.

2 Am nächsten Tag Grünkern abtropfen lassen. Brühe erhitzen. Zwiebel abziehen und fein würfeln. Zwiebel ohne Fett andünsten. Grünkern zufügen, unterrühren und 2 Minuten mitrösten. Brühe angießen, aufkochen und Grünkern auf dem abgeschalteten Herd zugedeckt 10 Minuten quellen lassen.

3 Paprikaschoten nach Bedarf putzen und in Streifen schneiden. Frühlingszwiebel waschen und schräg in Ringe schneiden. Radicchio waschen und in feine Streifen schneiden.

4 Paprikastreifen und Frühlingszwiebel zu dem Grünkern geben und für weitere 5 Minuten mitgaren.

5 Essig, Zitronensaft, Salz und Pfeffer gut verrühren und das Öl unterschlagen. Knoblauch abziehen, zerdrücken und mit Thymian unter die Sauce rühren. Grünkern mit Radicchio mischen, mit der Sauce anmachen. Mit Basilikum garnieren.

Zubereitungszeit: 35 Minuten + 12 Stunden einweichen

Für 1 Portion
1 Zwiebel
125 g Vollkorn-Risottoreis
50 ml trockener Riesling
1/2 l heiße Gemüsebrühe
100 g Möhren, Spinat oder Champignons
50 g Petersilie oder Basilikum

Gesamt: 2147 kJ/512 kcal, 14 g Eiweiß, 3 g Fett, 97 g Kohlenhydrate, 6 g Ballaststoffe, 0 mg Cholesterin

Gemüserisotto Stufe 2

1 Die Zwiebel abziehen, klein würfeln und ohne Fett dünsten. Reis zugeben, kurz mitdünsten und mit dem Wein ablöschen.

2 Nach und nach Brühe unter Rühren zufügen. Risotto 80 Minuten bei schwacher Hitze leicht kochen lassen. (Bei Bedarf noch mehr Brühe zugießen.)

3 Gemüse putzen, evtl. zerkleinern, zum Reis geben und alles zusammen weitere 10 Minuten leicht kochen lassen, bis das Gemüse weich ist. Zum Schluss die Kräuter unterrühren.

Zubereitungszeit: 1 Stunde 45 Minuten

Gemüsepaella

1 Reis nach Packungsangabe weich kochen. Zwiebel abziehen und fein würfeln. Knoblauch abziehen und durchpressen.

2 Das Gemüse waschen und putzen. Die Möhre und die Zucchini in kleine Würfel, die Paprikaschoten in schmale Streifen schneiden. Vom Porree nur die weißen und hellgrünen Teile in Ringe schneiden. Tomaten mit heißem Wasser überbrühen, häuten, Stielansätze entfernen und das Fruchtfleisch achteln.

3 Zwiebel, Knoblauch, Möhre, Zucchini und Paprika kurz andünsten. Mit Brühe ablöschen. Mit Salz, Pfeffer und Currypulver würzen und 10 Minuten dünsten.

4 Den Porree, die Tomate und den Reis untermengen und zugedeckt bei schwacher Hitze 5 Minuten durchziehen lassen.

Zubereitungszeit: 30 Minuten

Für 1 Portion

100 g Naturreis
1 kleine Zwiebel
1 Knoblauchzehe
1 Möhre
1 kleine Zucchini
je 1/2 grüne und rote Paprikaschote
1/2 Stange Porree
2 Tomaten
1/8 l Gemüsebrühe
Salz, frisch gemahlener Pfeffer
1 TL Currypulver

Gesamt: 2060 kJ/491 kcal, 16 g Eiweiß, 4 g Fett, 95 g Kohlenhydrate, 16 g Ballaststoffe, 0 mg Cholesterin

Nach Belieben können auch noch frische Champignons zur Gemüsepaella gegeben werden.

Für 1 Portion
250 g mehlig kochende Kartoffeln
100 g tiefgekühlten Blattspinat
100 g Weizenvollkornmehl
1 TL Salz
1 Prise frisch gemahlener Pfeffer
1/2 TL frisch geriebene Muskatnuss

Gesamt: 2006 kJ/479 kcal, 18 g Eiweiß, 3 g Fett, 93 g Kohlenhydrate, 17 g Ballaststoffe, 0 mg Cholesterin

Spinatgnocchi

1 Kartoffeln waschen, schälen, in Salzwasser weich kochen, abgießen und noch heiß durch eine Kartoffelpresse drücken.

2 Den gefrorenen Spinat in etwas Wasser dünsten, bis er aufgetaut ist, ausdrücken und zu den Kartoffeln geben.

3 Das Mehl zu der Kartoffel-Spinat-Masse geben. Mit Salz, Pfeffer und Muskatnuss würzen.

4 Den Teig auf einer bemehlten Arbeitsfläche zu einer Rolle von 3 Zentimeter Durchmesser formen und in 1–2 Zentimeter dicke Scheiben schneiden. Mit einer Gabel etwas eindrücken.

5 In einem Topf Salzwasser aufkochen, die Gnocchi hineinlegen, die Hitze reduzieren und die Gnocchi in 4 Minuten gar ziehen lassen. Sie sind gar, wenn sie an die Wasseroberfläche aufsteigen. Mit einem Schaumlöffel herausheben.

Zubereitungszeit: 50 Minuten

Tipp Dazu schmeckt die Tomaten-Zucchini-Sauce (s. unten).

Für 1 Portion
1 kleine Zwiebel
1 Möhre
1 kleine Zucchini
1/2 Packung Tomatenstücke
3 Stängel Petersilie
1 EL frisches Basilikum
Salz
Cayennepfeffer

Gesamt: 365 kJ/87 kcal, 5 g Eiweiß, 1 g Fett, 13 g Kohlenhydrate, 7 g Ballaststoffe, 0 mg Cholesterin

Tomaten-Zucchini-Sauce

1 Die Zwiebel abziehen und fein würfeln. Die Möhre und die Zucchini waschen, putzen und in kleine Würfel schneiden.

2 Zwiebel, Möhre und Zucchini ohne Fett kurz andünsten und mit den Tomaten ablöschen. 20 Minuten bei schwacher Hitze leicht kochen lassen, dabei mehrmals umrühren.

3 Die Kräuter waschen und fein hacken. Die Gemüsesauce mit Salz und Cayennepfeffer würzen. Kräuter unterrühren.

Zubereitungszeit: 35 Minuten

Tipp Die Tomatensauce darf auch längere Zeit bei geringer Hitze garen, so schmeckt sie würziger.

Gemüse-Couscous-Pfanne

1 Die Möhren waschen, schälen und in kleine Stücke schneiden. Die Zwiebel abziehen und würfeln.

2 Möhren- und Zwiebelstücke in einer Pfanne ohne Fett andünsten. Die Tomaten und die Gemüsebrühe angießen und mit Salz und Pfeffer würzen.

3 Den Couscous zugeben, aufkochen, die Hitze reduzieren und das Getreide 15 Minuten bei schwacher Hitze quellen lassen.

4 Die Kresse mit einer Küchenschere vom Kästchen schneiden und über das Gericht streuen.

Zubereitungszeit: 30 Minuten

Für 1 Portion

100 g Möhren
1 Zwiebel
1/2 Packung Tomatenstücke
1/4 l Gemüsebrühe
Salz und Pfeffer
40 g Couscous (oder Quinoa)
Kresse nach Geschmack

Gesamt: 883 kJ/210 kcal, 10 g Eiweiß, 3 g Fett, 36 g Kohlenhydrate, 8 g Ballaststoffe, 0 mg Cholesterin

Die frische Kresse gibt der Gemüse-Couscous-Pfanne eine leicht scharfe Note.

Kartoffelrösti mit Salat

Für 1 Portion

Kartoffelrösti
300 g mehlig kochende Kartoffeln
1 Zwiebel
Salz, frisch gemahlener Pfeffer

Salat
50 g Blattsalat (z. B. Eisbergsalat, Radicchio oder Feldsalat)
1 EL Balsamicoessig
Salz, frisch gemahlener Pfeffer
1 EL Olivenöl
1 EL Kresse

Gesamt: 1291 kJ/309 kcal, 7 g Eiweiß, 11 g Fett, 44 g Kohlenhydrate, 7 g Ballaststoffe, 0 mg Cholesterin

1 Die Kartoffeln waschen, schälen und grob reiben. Die Zwiebel abziehen, fein reiben, salzen und pfeffern. Mit den Kartoffeln vermengen.

2 Eine beschichtete Pfanne erhitzen und das Kartoffel-Zwiebel-Gemisch ohne Fett darin bei mittlerer Hitze etwa 10 Minuten von einer Seite anbraten. Die Masse wenden, dabei die Kartoffeln vorsichtig vom Pfannenrand und Boden lösen, in den Deckel gleiten lassen und umgedreht in die Pfanne zurückgeben. Die zweite Seite auch 10 Minuten braten.

3 Salat waschen. Radicchio oder Eisbergsalat fein reißen. Feldsalat ganz lassen.

4 Aus Essig, Salz, Pfeffer und Öl eine Marinade rühren, über den Salat geben und mit Kresse garnieren.

Zubereitungszeit: 40 Minuten

Bulgur mit Spinat

Für 1 Portion

100 g Bulgur
Salz
100 ml Gemüsebrühe
150 g tiefgekühlter Spinat
1 Lorbeerblatt
1/4 TL Kreuzkümmel
1/4 TL Koriandersamen
1/2 TL Kurkumapulver
1/4 TL Chiligewürz
Salz, frisch gemahlener Pfeffer
1/2 EL gehackte Minze

Gesamt: 1496 kJ/357 kcal, 14 g Eiweiß, 1 g Fett, 70 g Kohlenhydrate, 11 g Ballaststoffe, 0 mg Cholesterin

1 In einem Topf 150 Milliliter Wasser aufkochen, salzen und den Bulgur einrühren. Den Topf vom Herd nehmen und den Bulgur zugedeckt 15 Minuten ausquellen lassen.

2 Die Gemüsebrühe mit dem Spinat, dem Lorbeerblatt, Kreuzkümmel und Koriandersamen bei schwacher Hitze langsam auftauen lassen. Das Kurkumapulver und das Chiligewürz unterrühren, mit Salz und Pfeffer würzen und alles 5 Minuten bei schwacher Hitze leicht kochen lassen.

3 Den Bulgur unter den Spinat mischen und mit der Minze bestreuen.

Zubereitungszeit: 25 Minuten

Gefüllter Fenchel mit Kartoffelpüree

Für 1 Portion
1 mittelgroße Fenchelknolle
1/4 Stück rote Paprikaschote
Salz, frisch gemahlener Pfeffer
200 g Kartoffeln
1 TL Butter
1 Prise frisch geriebene Muskatnuss
Außerdem
Fett für die Form

Gesamt: 962 kJ/231 kcal, 8 g Eiweiß, 5 g Fett, 36 g Kohlenhydrate, 13 g Ballaststoffe, 12 mg Cholesterin

1 Den Fenchel waschen, putzen, das Fenchelgrün beiseite legen und die Knolle längs halbieren. Die Fenchelhälften in 150 Milliliter Wasser 10–15 Minuten bissfest garen. Die Hälften aus der Flüssigkeit heben und diese aufbewahren. Jede Fenchelhälfte von der Schnittseite her so aushöhlen, dass sie nicht auseinander fällt. Das ausgehöhlte Fenchelfleisch sehr fein würfeln.

2 Den Backofen auf 200 °C (Umluft 180 °C, Gas Stufe 3–4) vorheizen. Eine Auflaufform fetten.

3 Die Paprikaschote waschen und klein schneiden. Die Fenchelwürfel mit den Paprikastücken mischen, mit wenig Salz und Pfeffer würzen und in die Fenchelknollen füllen. Das Gemüse in die Auflaufform setzen, das Fenchelkochwasser zugießen und das Gemüse 20–30 Minuten im Backofen garen.

4 Inzwischen die Kartoffeln waschen, schälen und in wenig Salzwasser in etwa 20 Minuten weich kochen. Die Kartoffeln herausheben und das Kartoffelwasser aufbewahren. Die Kartoffeln pürieren und mit der Butter und etwas Kartoffelkochwasser geschmeidig rühren. Mit Muskatnuss würzen und etwas Fenchelgrün untermengen.

Zubereitungszeit: 1 Stunde 15 Minuten

Fenchel lindert Magenschmerzen und macht die Nahrung bekömmlicher.

Buchweizen mit Gemüse

Für 1 Portion
80 g Buchweizen
1/2 l Gemüsebrühe
1 kleine Zwiebel
1 kleine Möhre
1/2 Kohlrabi
1 EL frische Kräuter
(z. B. Basilikum, Petersilie, Kerbel)
Salz

Gesamt: 1427 kJ/340 kcal, 12 g Eiweiß, 2 g Fett, 67 g Kohlenhydrate, 9 g Ballaststoffe, 0 mg Cholesterin

1 Den Buchweizen in der Gemüsebrühe aufkochen und auf Warmhaltestufe 10 Minuten quellen lassen.

2 In der Zwischenzeit die Zwiebel abziehen und fein würfeln. Die Möhre und den Kohlrabi putzen und klein schneiden.

3 Die Zwiebel ohne Fett andünsten. Die Möhre und den Kohlrabi zugeben und 2 Minuten mitdünsten.

4 Das Gemüse unter die Buchweizengrütze mischen. Mit Kräutern und Salz nach Bedarf abschmecken.

Zubereitungszeit: 25 Minuten

Dinkel mit Chicorée

Für 1 Portion
90 g Dinkel
200 ml Gemüsebrühe
130 g Chicorée
1 TL Butter
1/2 Mandarine

Gesamt: 1553 kJ/370 kcal, 12 g Eiweiß, 7 g Fett, 64 g Kohlenhydrate, 11 g Ballaststoffe, 12 mg Cholesterin

1 Den Dinkel in der Gemüsebrühe über Nacht einweichen.

2 Am nächsten Tag den Dinkel in der Brühe 30 Minuten kochen und etwa 25 Minuten nachquellen lassen.

3 Den Chicorée putzen und stückeln. Die Butter erhitzen und den Chicorée darin etwa 5 Minuten dünsten.

4 Die Mandarine schälen. Mit dem Chicorée unter den Dinkel mischen.

Zubereitungszeit: 60 Minuten + 12 Stunden einweichen

Tipp Zum Einweichen von Dinkel rechnet man gut die doppelte Menge an Flüssigkeit. Die Garzeit von eingeweichtem Dinkel beträgt dann etwa 1 Stunde.

Zucchini-Reis-Salat

1 Reis, Wein und Brühe einmal aufkochen, die Hitze reduzieren und zugedeckt 20 Minuten bei schwacher Hitze leicht kochen lassen.

2 Die Zucchini waschen, putzen und klein würfeln. 3 Minuten vor Ende der Garzeit zum Reis geben.

3 Mit Sojasauce und evtl. etwas Salz abschmecken. 30 Minuten abkühlen lassen und zwischendurch nochmals umrühren.

Zubereitungszeit: 35 Minuten + 30 Minuten abkühlen

Für 1 Portion

80 g Vollkornreis
1 EL trockener Riesling
200 ml Gemüsebrühe
150 g Zucchini
1-2 EL Sojasauce
Salz

Gesamt: 1421 kJ/339 kcal, 11 g Eiweiß, 3 g Fett, 65 g Kohlenhydrate, 4 g Ballaststoffe, 0 mg Cholesterin

Gerstenteller mit Kresse

1 Die Gerste in der Brühe aufkochen und bei schwacher Hitze 25 Minuten ausquellen lassen.

2 Die Frühlingszwiebeln waschen, in Ringe schneiden und ohne Fett kurz dünsten. Den Knoblauch abziehen und klein schneiden. Die Kresse abschneiden.

3 Frühlingszwiebel, Kresse und Knoblauch unter die Gerste rühren, salzen und pfeffern.

Zubereitungszeit: 30 Minuten

Für 1 Portion

80 g geschrotete Gerste
400 ml Gemüsebrühe
2 Frühlingszwiebeln
Knoblauch nach Belieben
1/2 Kästchen Kresse
Salz, frisch gemahlener Pfeffer

Gesamt: 1202 kJ/287 kcal, 10 g Eiweiß, 2 g Fett, 56 g Kohlenhydrate, 10 g Ballaststoffe, 0 mg Cholesterin

Kräuter-Salatsauce

1 Den Essig mit der Brühe verrühren, salzen, pfeffern und die Kräuter einrühren.

2 Das Öl unter Rühren einlaufen lassen.

Zubereitungszeit: 5 Minuten

Tipp Diese Salatsauce eignet sich für jeden Salat. Praktisch ist es, alle Zutaten in einem Schraubglas zu mischen. Im Kühlschrank hält sich die Sauce 3 bis 4 Tage frisch.

Für 1 Portion

2 EL Balsamicoessig
1/8 l Gemüsebrühe
Salz, frisch gemahlener Pfeffer
2 EL klein geschnittene Kräuter (z. B. Petersilie, Basilikum, Dill, Schnittlauch)
2 TL kaltgepresstes Olivenöl

Gesamt: 436 kJ/104 kcal, 1 g Eiweiß, 10 g Fett, 1 g Kohlenhydrate, 1 g Ballaststoffe, 0 mg Cholesterin

Dritte Stufe – Übergangskost

Es wird immer besser! Nun erweitern Salate, Milchprodukte und weitere Nahrungsmittel die Palette der Möglichkeiten und lassen den Speiseplan immer abwechslungsreicher werden. Denken Sie daran: Wann immer es dem Bauch schlechter geht, wenn es im Leib laut wird, stark bläht oder schmerzt, sollten Sie auf die erste Stufe der Ernährung zurückgehen.

Nach Belieben kann der süße Reis anstelle mit Wassermelone auch mit Banane oder einem fein geriebenen Apfel variiert werden.

Müsli mit Obst

1 Den Roggen über Nacht in kaltem Wasser einweichen.

2 Am nächsten Tag die Banane schälen und in kleine Stücke schneiden. Den Zitronensaft nach Bedarf mit Süßstoff süßen und über die Banane gießen.

3 Die Nüsse klein hacken, mit wenig Zimtpulver mischen und zum Obst geben.

4 Den gequollenen Roggen mit dem Obst und dem Magerquark mischen.

Zubereitungszeit: 10 Minuten + 12 Stunden einweichen

Für 1 Portion
4 EL geschroteter Roggen
1 Banane
1 EL Zitronensaft
1 Tablette Süßstoff (Süßmittel)
1 EL Nüsse
1 Messerspitze Zimt
100 g Magerquark

Gesamt: 1662 kJ/397 kcal, 21 g Eiweiß, 6 g Fett, 62 g Kohlenhydrate, 10 g Ballaststoffe, 1 mg Cholesterin

Süßer Reis mit Wassermelone

1 Den Reis mit 200 Milliliter Wasser, Sahne und der Vanilleschote in einen Topf geben. Die Mischung zum Kochen bringen und bei mittlerer Hitze nach Packungsanleitung in etwa 40 Minuten weich kochen. Den Topf vom Herd nehmen und den Reis in 20 Minuten ausquellen lassen. Den Süßstoff in wenig Wasser auflösen und den Reis damit süßen.

2 Die Wassermelone schälen und von den Kernen befreien. Das Fruchtfleisch würfeln und zusammen mit dem körnigen Frischkäse und der Buttermilch mischen.

3 Das Obst unter den abgekühlten Reis mischen.

Zubereitungszeit: 60 Minuten

Für 1 Portion
80 g Naturreis
1 EL Sahne
1 längs aufgeschnittene Vanilleschote
1 Tablette Süßstoff
150 g Wassermelone
1–2 EL körniger Frischkäse
1 EL Buttermilch

Gesamt: 1755 kJ/418 kcal, 11 g Eiweiß, 8 g Fett, 74 g Kohlenhydrate, 2 g Ballaststoffe, 22 mg Cholesterin

Info Körniger Frischkäse ist vielen noch als »Hüttenkäse« bekannt, einem Namen, den eine Molkerei ihrem eigenen Produkt gab. Zur Herstellung dieses Käses wird Milch gesäuert (dickgelegt), in Körnergröße geschnitten, erwärmt – wodurch die Bruchkörner fest werden – und wieder abgekühlt.

Gemüse-Reis-Suppe Stufe 3

Für 1 Portion
1 kleine Zwiebel
1 Knoblauchzehe
1/2 Stange Porree
1 Möhre
2 EL Olivenöl
1/2 l Gemüsebrühe
100 g Vollkornreis
3 Stängel Petersilie
etwas Basilikum
1 Tomate oder 1/2 Packung Tomatenstücke
Salz

Gesamt: 2596 kJ/619 kcal, 13 g Eiweiß, 23 g Fett, 88 g Kohlenhydrate, 10 g Ballaststoffe, 0 mg Cholesterin

1 Die Zwiebel abziehen und in feine Ringe schneiden. Den Knoblauch abziehen und durch eine Knoblauchpresse drücken. Den Porree waschen, putzen und nur das Weiße und das zarte Grün in feine Ringe schneiden. Die Möhre waschen, putzen und in Würfel schneiden.

2 Das Öl erhitzen und die Zwiebel und den Knoblauch darin andünsten. Mit der Gemüsebrühe ablöschen, den Reis zugeben und 20 Minuten kochen.

3 Die Möhre zugeben und bei schwacher Hitze etwa 20 Minuten kochen lassen, bis alles gar ist.

4 Die Petersilie und das Basilikum waschen, trockenschütteln, die Blätter abzupfen und fein hacken.

5 Die in Stücke geschnittene Tomate und die Kräuter zur Suppe geben, noch einmal aufwallen lassen und mit Salz abschmecken.

Zubereitungszeit: 70 Minuten

Grünkern-Cremesuppe

Für 1 Portion
1 Zwiebel
1 EL Butter
1/2 l Gemüsebrühe
60 g grob geschroteter Grünkern
1 EL Sonnenblumenkerne
50 ml trockener Riesling
2 EL Sahne

Gesamt: 2035 kJ/485 kcal, 12 g Eiweiß, 25 g Fett, 44 g Kohlenhydrate, 8 g Ballaststoffe, 57 mg Cholesterin

1 Den Grünkern über Nacht in kaltem Wasser einweichen.

2 Die Zwiebel abziehen und fein würfeln.

3 Die Butter erhitzen und die Zwiebel darin andünsten. Mit Brühe ablöschen. Den abgetropften Grünkern zugeben und unter ständigem Rühren in 10–15 Minuten weich kochen.

4 Die Sonnenblumenkerne in einer Pfanne ohne Fett rösten.

5 Den Wein und die Sahne in die Suppe rühren und die Sonnenblumenkerne darüber streuen.

Zubereitungszeit: 30 Minuten + 12 Stunden einweichen

Olivenöl, Sahne und Basilikum geben der cremigen Tomatensuppe eine köstliche Note.

Tomatensuppe

1 Die Gemüsezwiebel abziehen und klein schneiden.

2 Das Öl erhitzen und die Zwiebel darin andünsten. Das Tomatenmark einrühren, mit der Brühe und den Tomatenstücken ablöschen. Unter häufigem Rühren etwa 10 Minuten bei schwacher Hitze leicht kochen lassen und mit Salz und Pfeffer würzen.

3 Das Basilikum waschen und bis auf einige Blättchen zum Garnieren fein schneiden. Die Tomate waschen, Stielansatz entfernen und das Fruchtfleisch in Stücke schneiden.

4 Die Sahne, die frischen Tomatenstücke und das geschnittene Basilikum in die Suppe rühren. Die restlichen Basilikumblätter zum Garnieren über die Suppe streuen.

Zubereitungszeit: 30 Minuten

Für 1 Portion

- 1/4 Gemüsezwiebel
- 1 TL Olivenöl
- 1 TL Tomatenmark
- 1/4 l Gemüsebrühe
- 1/2 Packung Tomatenstücke
- Salz und Pfeffer
- 1/2 Bund Basilikum
- 1 Tomate
- 30 g Sahne

Gesamt: 839 kJ/200 kcal, 5 g Eiweiß, 15 g Fett, 10 g Kohlenhydrate, 3 g Ballaststoffe, 33 mg Cholesterin

Kartoffelsuppe Stufe 3

Für 1 Portion
400 g Kartoffeln
1 Möhre
1 Stück Knollensellerie (etwa 50 g)
1 Zwiebel
1 EL Olivenöl
1/2 l Gemüsebrühe
Majoran
1/2 Stange Porree
3 Stängel Petersilie
Salz, frisch gemahlener Pfeffer
2 EL Sahne

Gesamt: 2150 kJ/513 kcal, 14 g Eiweiß, 21 g Fett, 65 g Kohlenhydrate, 16 g Ballaststoffe, 33 mg Cholesterin

1 Die Kartoffeln, die Möhre und den Sellerie waschen, schälen und klein schneiden. Die Zwiebel abziehen und würfeln.

2 Das Olivenöl erhitzen und die Kartoffeln und die Zwiebel darin andünsten. Mit der Gemüsebrühe ablöschen. Die Möhre und den Sellerie zugeben und alles mit Majoran würzen. Das Gemüse in etwa 20 Minuten weich kochen.

3 Den Porree waschen, putzen und klein schneiden. Die Petersilie waschen, trockenschütteln, die Blätter abzupfen und fein hacken. Beides zur Suppe geben.

4 Die Suppe salzen, pfeffern und die Sahne einrühren.

Zubereitungszeit: 40 Minuten

Gemüse-Gersten-Suppe

Für 1 Portion
100 g Blumenkohlröschen
1 Zwiebel
1 EL Butter
60 g grob geschrotete Gerste
1/2 l Gemüsebrühe
3 Stängel Petersilie
50 g Sahne
Salz, frisch gemahlener weißer Pfeffer
1 Prise frisch geriebene Muskatnuss

Gesamt: 1987 kJ/475 kcal, 12 g Eiweiß, 26 g Fett, 47 g Kohlenhydrate, 11 g Ballaststoffe, 79 mg Cholesterin

1 Frischen Blumenkohl in wenig Wasser bissfest kochen, tiefgekühlten Blumenkohl in wenig heißem Wasser auftauen lassen. Die Zwiebel abziehen und würfeln.

2 Die Butter in einem Topf erhitzen und die Zwiebel darin goldgelb dünsten. Den Gerstenschrot zugeben und unter Rühren anrösten. Mit Gemüsebrühe ablöschen, aufkochen lassen und die Gerste zugedeckt bei schwacher Hitze in 5 Minuten ausquellen lassen.

3 Die Petersilie waschen, trockenschütteln, die Blätter abzupfen und fein hacken.

4 Den Blumenkohl und die Petersilie zur Suppe geben. Die Sahne einrühren und mit Salz, Pfeffer und Muskatnuss würzen.

Zubereitungszeit: 30 Minuten

Kalte Gurkensuppe

1 Die Zwiebel abziehen und fein würfeln. Die Zucchini, die Salatgurke und die Frühlingszwiebel waschen und putzen. Die Zucchini fein würfeln. Die Gurke halbieren, entkernen und fein würfeln. Die Frühlingszwiebel in Ringe schneiden.

2 Das Öl in einem Topf erhitzen und die Zwiebel darin glasig dünsten. Zucchini, Gurke und Frühlingszwiebel kurz mitdünsten. Mit der Gemüsebrühe ablöschen, aufkochen und zugedeckt etwa 5 Minuten garen. Auskühlen lassen.

3 Den Schnittlauch und den Dill waschen, trockenschütteln und fein schneiden.

4 Die Hälfte des Gemüses aus der Brühe heben und beiseite stellen. Die Hälfte der Kräuter in die Brühe geben und den Topfinhalt pürieren.

5 Die Buttermilch, das beiseite gestellte Gemüse und die restlichen Kräuter unter die Suppe rühren. Mit Salz und Pfeffer würzen und mit der Kapuzinerkresseblüte garnieren.

Zubereitungszeit: 40 Minuten + 30 Minuten abkühlen

Für 1 Portion

1/2 kleine Zwiebel
100 g Zucchini
1/4 Salatgurke
1 Frühlingszwiebel
1 TL Öl
1/8 l Gemüsebrühe
1/2 Bund Schnittlauch
1/2 Bund Dill
1/4 l gut gekühlte Buttermilch
Salz
frisch gemahlener weißer Pfeffer
1 Kapuzinerkresseblüte

Gesamt: 795 kJ/190 kcal, 12 g Eiweiß, 7 g Fett, 18 g Kohlenhydrate, 4 g Ballaststoffe, 8 mg Cholesterin

Die Zwiebeln werden für die Gurkensuppe fein gewürfelt und geben ihr einen kräftigeren Geschmack.

Möhren-Reis-Puffer

Für 1 Portion

Puffer
Salz
50 g Vollkornreis
1/2 Möhre (etwa 50 g)
1 kleines Ei
1 TL Öl

Quark
1 Frühlingszwiebel
2 EL Magerquark (30 g)
1 EL Mineralwasser
Salz, frisch gemahlener Pfeffer
1 EL gehackte Kräuter

Außerdem
1 Blatt grüner Salat

Gesamt: 1477 kJ/352 kcal, 16 g Eiweiß, 13 g Fett, 42 g Kohlenhydrate, 3 g Ballaststoffe, 238 mg Cholesterin

1 Für die Puffer in einem Topf gut 1/8 Liter Salzwasser aufkochen. Den Reis zufügen und zugedeckt bei schwacher Hitze etwa 25 Minuten leicht kochen lassen.

2 Inzwischen für den Quark die Frühlingszwiebel putzen, waschen und in schmale Ringe schneiden. Den Quark mit dem Mineralwasser verrühren, salzen und pfeffern. Die Frühlingszwiebelringe und die Kräuter unter den Quark heben.

3 Für die Puffer die Möhre waschen, schälen und raspeln. Möhrenraspel, Reis und Ei vermischen und würzen. Aus der Masse 2 Puffer formen. In einer beschichteten Pfanne das Öl erhitzen und die Puffer darin pro Seite 3 Minuten braten.

4 Die Puffer auf dem Salatblatt mit Quark anrichten.

Zubereitungszeit: 40 Minuten

Buchweizen-Gemüse-Pfanne

Für 1 Portion

1/2 l Gemüsebrühe
100 g Buchweizen
1 kleine Zwiebel
80 g Champignons
1 kleine Zucchini
1/2 grüne Paprikaschote
1 säuerlicher Apfel
1 EL Butter
1 TL mildes Currypulver
1 EL helle Sojasauce
Salz
frisch gemahlener weißer Pfeffer
1 Tomate

Gesamt: 2518 kJ/600 kcal, 19 g Eiweiß, 12 g Fett, 101 g Kohlenhydrate, 21 g Ballaststoffe, 24 mg Cholesterin

1 Die Gemüsebrühe aufkochen. Den Buchweizen einstreuen und in 20 Minuten bei schwacher Hitze ausquellen lassen.

2 Die Zwiebel abziehen und würfeln. Die Champignons putzen und klein schneiden. Die Zucchini waschen, putzen und würfeln. Die Paprikaschote putzen und in Streifen schneiden. Den Apfel waschen, vierteln, entkernen und würfeln.

3 Die Butter erhitzen und die Zwiebel darin andünsten. Das übrige Gemüse und die Apfelwürfel zufügen und alles zugedeckt 10 Minuten schmoren lassen.

4 Den gegarten Buchweizen unter das Gemüse mischen. Mit Currypulver, Sojasauce, Salz und Pfeffer würzen. Die Tomate waschen, vierteln und dazu servieren.

Zubereitungszeit: 35 Minuten

Gefüllte Aubergine mit Couscous

Für 1 Portion
50 g Couscous
350 ml Tomatensaft
1 Aubergine
100 g Champignons
1 Zwiebel
50 g milder Schafskäse
einige Zweige Minze
2 EL Butter
Salz, frisch gemahlener Pfeffer
1 Ei
1 TL Currypulver
1 Prise gemahlener Kümmel
1 TL Zitronensaft
Öl für die Form

Gesamt: 2737 kJ/654 kcal, 30 g Eiweiß, 35 g Fett, 54 g Kohlenhydrate, 13 g Ballaststoffe, 308 mg Cholesterin

1 In einer Schüssel den Couscous mit 1/8 Liter Tomatensaft begießen und 20 Minuten quellen lassen.

2 Die Aubergine waschen, den Stielansatz entfernen und die Frucht längs halbieren. In kochendem Wasser 5 Minuten blanchieren, abtropfen lassen und so aushöhlen, dass ein Rand von 1 Zentimeter stehen bleibt.

3 Das ausgehöhlte Auberginenfleisch fein hacken. Die Champignons putzen und grob hacken. Die Zwiebel abziehen und fein würfeln. Den Schafskäse zerbröckeln. Die Minze waschen, trockenschütteln, die Blätter von dem Stängeln zupfen und in feine Streifen schneiden.

4 In einer Pfanne die Hälfte der Butter erhitzen und die Zwiebel darin glasig dünsten. Das Auberginenfleisch zugeben, 5 Minuten mitdünsten, salzen und pfeffern. Alles aus der Pfanne nehmen.

5 Den Backofen auf 200 °C (Umluft 180 °C, Gas Stufe 3–4) vorheizen. Eine Auflaufform mit etwas Öl einfetten.

6 Die restliche Butter in der Pfanne erhitzen und die Champignons darin dünsten, bis die Flüssigkeit verdampft ist. Den Couscous mit dem Auberginenfleisch und den Pilzen vorsichtig vermengen. Das Ei, Currypulver, Kümmel, Zitronensaft und Schafskäse sowie ein paar Minzstreifen zu dem Gemüse geben und alles gut miteinander vermischen.

7 Die Auberginenhälften in die Auflaufform setzen und mit der Couscousmasse füllen. Den restlichen Tomatensaft ringsherum angießen.

8 Die Form in den Backofen stellen und das Gemüse ohne Deckel in 30 Minuten garen.

Zubereitungszeit: 35 Minuten + 30 Minuten backen

Für 1 Portion

Ratatouille
1/2 Aubergine
1 kleine Zucchini
je 1/2 rote, gelbe, grüne Paprikaschote
1 kleine Zwiebel
1 Knoblauchzehe
1 Bund gemischte Kräuter (z. B. Petersilie, Basilikum, Thymian, Rosmarin)
3 EL Olivenöl
1/2 Packung Tomatenstücke
Salz, frisch gemahlener Pfeffer
1/8 l Gemüsebrühe

Quinoa
190 ml Gemüsebrühe
75 g Quinoa

Sauce
100 g Joghurt
Kräutersalz
1 EL fein gehackte Petersilie
1 EL Schnittlauchröllchen

Gesamt: 3041 kJ/724 kcal, 24 g Eiweiß, 38 g Fett, 71 g Kohlenhydrate, 20 g Ballaststoffe, 5 mg Cholesterin

Ratatouille mit Quinoa

1 Für das Ratatouille das Gemüse waschen und putzen. Die Aubergine in 2 Zentimeter große Würfel, die Zucchini in dicke Scheiben, die Paprikaschoten in mundgerechte Stücke und die Zwiebel in feine Ringe schneiden. Den Knoblauch abziehen und zerdrücken. Die Kräuter waschen, trockenschütteln, einige Blätter zu 2 Esslöffel Kräuter klein schneiden und die restlichen Stängel zum Bouquet zusammenbinden.

2 Etwas Öl erhitzen und zunächst nur die Aubergine kurz anbraten. Das restliche Öl zufügen und Zucchini und Paprikastücke nacheinander darin kurz anbraten. Die Tomaten und den Knoblauch untermischen, salzen und pfeffern. Mit der Brühe aufgießen, die Zwiebel darüber streuen, das Kräuterbouquet einlegen und den Eintopf bei sehr schwacher Hitze 45 Minuten leicht kochen lassen.

3 Inzwischen für die Quinoa die Brühe aufkochen. Die Quinoa mit heißem Wasser waschen, in die kochende Brühe geben, 5 Minuten bei schwacher Hitze leicht kochen lassen, die Hitze abstellen und die Körner 15 Minuten quellen lassen.

4 Für die Sauce den Joghurt mit wenig Kräutersalz und den Kräutern verrühren.

5 Das Ratatouille mit den restlichen Kräutern bestreuen und mit der Quinoa und der Sauce zusammen servieren.

Zubereitungszeit: 1 Stunde 15 Minuten

Info Zum Garen von Quinoa benötigt man die 2 1/2fache Menge an Flüssigkeit, damit das Korn vollständig aufquellen kann. Zu der Ratatouille können Sie auch Reis oder ein beliebiges anderes Korn servieren.

Gemüserisotto Stufe 3

1 Die Zwiebel abziehen und klein würfeln. Das Olivenöl erhitzen und die Zwiebel darin goldgelb andünsten. Den Reis zugeben und so lange mitdünsten, bis die Reiskörner mit Öl überzogen sind. Mit dem Wein ablöschen. Nach und nach die Brühe zugeben, dabei den Reis immer wieder umrühren. Den Reis insgesamt ca. 90 Minuten bei schwacher Hitze kochen lassen; bei Bedarf mehr Brühe zugießen.

2 Gemüse waschen, putzen und klein schneiden. 10 Minuten vor Kochende das Gemüse zugeben und weich kochen.

3 Zum Schluss die Kräuter und den Parmesan unterrühren.

Zubereitungszeit: 1 Stunde 45 Minuten

Für 1 Portion

1 Zwiebel
1 EL Olivenöl
125 g Vollkorn-Risottoreis
50 ml trockener Riesling
1/2 l heiße Gemüsebrühe
100 g Möhren, Champignons oder Spinat
50 g frische oder tiefgefrorene Kräuter
1 EL frisch geriebener Parmesan

Gesamt: 2804 kJ/669 kcal, 16 g Eiweiß, 16 g Fett, 106 g Kohlenhydrate, 11 g Ballaststoffe, 4 mg Cholesterin

Vollkornnudeln mit Paprikagemüse

1 Die Vollkornnudeln nach Packungsangabe kochen.

2 Die Paprikaschoten waschen, putzen und in Streifen schneiden. Die Tomaten mit kochendem Wasser überbrühen, häuten, Stielansätze entfernen und vierteln. Die Zwiebel abziehen und in feine Ringe schneiden.

3 Das Öl erhitzen und die Zwiebel darin 2 Minuten dünsten. Die Paprikastreifen zugeben mit Salz, Pfeffer und Thymian würzen und 10 Minuten zugedeckt bei schwacher Hitze garen lassen.

4 Die Tomatenviertel und die saure Sahne zum Paprikagemüse geben und 5 Minuten ziehen lassen.

5 Die Nudeln mit dem Paprikagemüse servieren.

Zubereitungszeit: 35 Minuten

Für 1 Portion

125 g Vollkornnudeln
100 g bunte Paprikaschoten (rot, grün, gelb)
2 Tomaten
1 Zwiebel
1 EL Olivenöl
Salz, frisch gemahlener Pfeffer
1 EL frischer Thymian
1 EL saure Sahne

Gesamt: 2418 kJ/577 kcal, 20 g Eiweiß, 17 g Fett, 85 g Kohlenhydrate, 20 g Ballaststoffe, 9 mg Cholesterin

Für 1 Portion
125 g mehlig kochende Kartoffeln
250 g Blumenkohl
Salz
20 g mittelalter Gouda
1 kleine Zwiebel
1 kleines Ei
etwa 100 g Vollkornmehl
frisch gemahlener weißer Pfeffer
frisch geriebene Muskatnuss
30 g ungesalzene Erdnusskerne
1 EL geschälter Sesam
2 TL Öl

Sauce
1/2 Bund Schnittlauch
1 EL Zitronensaft
1 Tablette Süßstoff
40 g fettarmer Joghurt
Salz, frisch gemahlener Pfeffer

Außerdem
etwas Mehl

Gesamt: 3927 kJ/938 kcal, 43 g Eiweiß, 44 g Fett, 90 g Kohlenhydrate, 24 g Ballaststoffe, 249 mg Cholesterin

Bratlinge in Erdnuss-Sesam-Kruste

1 Die Kartoffeln waschen und mit der Schale in wenig Wasser etwa 20 Minuten kochen.

2 Den Blumenkohl putzen, waschen und in sehr kleine Röschen teilen. In wenig kochendem Salzwasser zugedeckt etwa 8 Minuten dünsten.

3 Den Käse reiben. Die Zwiebel abziehen und würfeln. Die Kartoffeln abgießen, pellen und zerstampfen. Den Blumenkohl abtropfen lassen, die Hälfte grob zerstampfen und mit dem Käse, der Zwiebel, dem Ei und dem Mehl unter die Kartoffeln rühren. Mit Salz, Pfeffer und Muskatnuss würzen. Den restlichen Blumenkohl unter den Teig heben.

4 Mit gut bemehlten Händen 2 oder 3 Bratlinge formen. Die Erdnüsse grob hacken und mit Sesam mischen. Die Bratlinge darin wenden und die Panade etwas andrücken.

5 Das Öl in einer beschichteten Pfanne erhitzen und die Bratlinge darin pro Seite 3 Minuten braten.

6 Für die Sauce den Schnittlauch waschen und in feine Röllchen schneiden. Den Zitronensaft mit dem Süßstoff süßen. Den Joghurt mit Salz, Pfeffer und dem Zitronensaft würzen und die Hälfte der Schnittlauchröllchen zufügen.

7 Die Bratlinge mit der Sauce anrichten und mit dem restlichen Schnittlauch bestreuen.

Zubereitungszeit: 50 Minuten

Info Zu den Bratlingen passt gut ein Blattsalat. Kaufen Sie nur solchen, der wirklich frisch und knackig ist. Vorgeschnittene, in Folie verpackte Salatmischungen sind oft schon Tage alt bevor sie beim Verbraucher auf den Teller kommen.

Gemüse-Grünkern-Bratlinge

Für 1 Portion
100 ml Gemüsebrühe
45 g Grünkernschrot
1 EL gehackte Mandeln
1/2 Zwiebel
je 30 g Zucchini, Möhre und Apfel
4 TL Olivenöl
2 EL gehackte Petersilie
2 EL gehacktes Basilikum
1 Ei
1 EL frisch geriebener Parmesan
Salz, frisch gemahlener Pfeffer

Gesamt: 2272 kJ/542 kcal, 18 g Eiweiß, 36 g Fett, 37 g Kohlenhydrate, 9 g Ballaststoffe, 242 mg Cholesterin

1 Die Gemüsebrühe aufkochen, den Schrot zugeben, die Hitze reduzieren und den Schrot bei schwacher Hitze unter Rühren 5 Minuten garen. Den Topf von der Kochstelle nehmen und den Schrot zugedeckt 20 Minuten quellen lassen.

2 In der Zwischenzeit eine Pfanne erhitzen und darin die Mandeln goldgelb rösten. Aus der Pfanne nehmen und beiseite stellen.

3 Die Zwiebel abziehen und fein würfeln. Zucchini, Möhre und Apfel fein reiben. Die Hälfte des Öls in der Pfanne erhitzen und die Zwiebel darin 2 Minuten bei mittlerer Hitze glasig braten. Die Gemüse-Obst-Masse zugeben und 3 Minuten mitdünsten. Von der Kochstelle nehmen und abkühlen lassen.

4 Die Mandeln, die Kräuter, das Ei, das Gemüse und den Käse unter den gequollenen Schrot mischen, salzen und pfeffern.

5 Aus dem Teig 4 Bratlinge formen. Das restliche Öl erhitzen und die Bratlinge darin bei mittlerer Hitze 3 Minuten pro Seite braten.

Zubereitungszeit: 40 Minuten

Tipp Statt Grünkern können Sie Bulgur und statt der Kräuter Rucola verwenden. Das Gemüse können Sie auch durch Pilze ersetzen. Übrig gebliebene Bratlinge kann man quer halbieren, mit Ananas oder Tomate und Käse belegen und im Backofen überbacken.

Basilikum wird meist im Töpfchen verkauft. So kann man die benötigte Menge immer frisch ernten.

Für 1 Portion
2 gleich große Kartoffeln (etwa 400 g)
etwas Öl für die Alufolie
Kräuterquarkdip
100 g Magerquark
30 g Frischkäse
1/2 Zwiebel
1 Knoblauchzehe
Salz, frisch gemahlener Pfeffer
Kräuter nach Belieben (z. B. Petersilie, Schnittlauch, Pimpinelle, Borretsch, Sauerampfer, Basilikum, Dill)

Gesamt: 1860 kJ/444 kcal, 25 g Eiweiß, 10 g Fett, 61 g Kohlenhydrate, 9 g Ballaststoffe, 32 mg Cholesterin

Folienkartoffeln mit Kräuterquarkdip

1 Die Kartoffeln waschen und bürsten, etwas abtrocknen und die Schale einige Male kreuz und quer einritzen. 2 Stücke Alufolie auf einer Seite mit Öl einfetten und die Kartoffeln darin einzeln einpacken. Auf ein Backblech legen.

2 Den Backofen auf 200 °C (Umluft 180 °C, Gas Stufe 3-4) vorheizen. Das Backblech mit den Kartoffeln einschieben.

3 Die Kartoffeln 30–40 Minuten backen. Die Folie vorsichtig öffnen und die Kartoffeln so noch 10 Minuten backen, um Bräunung zu erreichen. Die Schale ist verzehrbar.

4 Für den Dip den Quark mit dem Frischkäse verrühren. Die Zwiebel und den Knoblauch abziehen, fein würfeln und unter den Quark mischen. Mit Salz und Pfeffer würzen. Die Kräuter waschen, klein schneiden und unter den Dip mengen.

Zubereitungszeit: 15 Minuten + 30–40 Minuten backen

Für 1 Portion
500 g Kartoffeln
1–2 EL kaltgepresstes Olivenöl
Meersalz
frisch gemahlener schwarzer Pfeffer
1 TL Rosmarin (frisch oder getrocknet)
150 ml Gemüsebrühe
Außerdem
1 TL Butter für die Form

Gesamt: 1781 kJ/425 kcal, 9 g Eiweiß, 16 g Fett, 60 g Kohlenhydrate, 9 g Ballaststoffe, 0 mg Cholesterin

Rosmarinkartoffeln

1 Die Kartoffeln waschen, schälen und achteln; neue Kartoffeln nur bürsten, nicht schälen.

2 Den Backofen auf 220 °C (Umluft 200 °C, Gas Stufe 4–5) vorheizen. Eine feuerfeste Form mit der Butter auspinseln.

3 Die Kartoffeln mit Olivenöl bestreichen, in die Auflaufform geben und mit Meersalz, Pfeffer und Rosmarin würzen. Die Gemüsebrühe darüber gießen und die Kartoffeln 40 Minuten backen.

Zubereitungszeit: 20 Minuten + 40 Minuten backen

Tipp Dazu passt ein frischer Salat.

Zucchiniteller

Für 1 Portion
90 g geschroteter Weizen
1/2 l Gemüsebrühe
125 g Zucchini
1 TL Olivenöl
1 EL Magerquark
Salz
Zitronenpfeffer
2 EL geriebener Käse

Gesamt: 1862 kJ/444 kcal, 24 g Eiweiß, 11 g Fett, 60 g Kohlenhydrate, 12 g Ballaststoffe, 9 mg Cholesterin

1 Den Weizen in Gemüsebrühe aufkochen und 20 Minuten ausquellen lassen.

2 Die Zucchini waschen, putzen und in kleine Würfel schneiden. Das Olivenöl in einer Pfanne erhitzen und die Zucchini darin anbraten.

3 Die Weizengrütze zugeben und den Magerquark unterrühren. Mit Salz und Zitronenpfeffer würzen und den Käse darüber streuen. Die Hitzezufuhr auf die niedrigste Stufe stellen und den Käse schmelzen lassen.

4 Das Gericht auf einem Teller anrichten.

Zubereitungszeit: 40 Minuten

Tipp Das Zucchinigericht schmeckt auch kalt sehr gut.

Vollkornnudeln mit Champignons

Für 1 Portion
150 g Vollkornnudeln
1/2 kleine Schalotte
1 Knoblauchzehe
100 g Champignons
2 Stängel Petersilie
1 TL Butter
wenig Weißwein oder Wasser
Salz, frisch gemahlener Pfeffer
frisch geriebene Muskatnuss

Gesamt: 2287 kJ/547 kcal, 24 g Eiweiß, 8 g Fett, 93 g Kohlenhydrate, 20 g Ballaststoffe, 12 mg Cholesterin

1 Die Vollkornnudeln nach Packungsanleitung kochen.

2 Die Schalotte und den Knoblauch abziehen und fein würfeln. Die Champignons säubern, trockentupfen und in Achtel schneiden. Die Petersilie waschen, trockenschütteln, die Blätter abzupfen und sehr fein hacken.

3 Die Butter in einer Pfanne zerlassen und die Schalotten, den Knoblauch und die Champignons darin anbraten. Dabei die Pfanne nicht bewegen, bis die Champignons Farbe bekommen haben.

4 Die Petersilie zugeben und die Pilze mit Wein oder Wasser ablöschen. Mit Salz, Pfeffer und Muskatnuss würzen.

5 Die Nudeln abgießen und die Champignonsauce darüber verteilen.

Zubereitungszeit: 30 Minuten

Spaghetti mit Joghurt

Für 1 Portion
200 g Vollkornspaghetti
100 g Joghurt
1 EL Olivenöl
30 g frisch geriebener Parmesan
Salz
1/2 Bund Schnittlauch

Gesamt: 3802 kJ/909 kcal, 41 g Eiweiß, 26 g Fett, 126 g Kohlenhydrate, 24 g Ballaststoffe, 26 mg Cholesterin

1 Spaghetti in Salzwasser in etwa 10 Minuten bissfest kochen.

2 Den Joghurt mit dem Olivenöl bei schwacher Hitze unter Rühren erhitzen. Den Käse einrühren, salzen und von der Kochstelle nehmen. Den Schnittlauch waschen, trockenschütteln, in feine Röllchen schneiden und unterrühren.

3 Die Nudeln abgießen und mit der Joghurtsauce servieren.

Zubereitungszeit: 25 Minuten

Kräutersauce

Für 1 Portion
1 kleiner Bund gemischte Kräuter
50 g Sahne
1 kleine Schalotte
1 TL Butter
Salz, frisch gemahlener Pfeffer
2 EL Joghurt

Gesamt: 937 kJ/224 kcal, 4 g Eiweiß, 20 g Fett, 6 g Kohlenhydrate, 2 g Ballaststoffe, 67 mg Cholesterin

1 Die Kräuter waschen, trockenschütteln und fein hacken.

2 Die Hälfte der Sahne steif schlagen.

3 Die Schalotte abziehen und fein würfeln. Die Butter erhitzen und die Schalotte darin andünsten. Die Hälfte der Kräuter mitdünsten. Flüssige Sahne zugeben, salzen und pfeffern.

4 Die geschlagene Sahne mit dem Joghurt verrühren und unter die Kräutersauce rühren. Nicht mehr kochen.

Zubereitungszeit: 25 Minuten

Tipp Die Sauce passt zu Vollkornnudeln, Getreide und Reis.

Joghurtsauce

Für 1 Portion
8 EL Joghurt
Salz, frisch gemahlener Pfeffer
4 EL klein geschnittene Kräuter (Petersilie, Schnittlauch, Dill)
2 TL Zitronensaft
2 TL Sonnenblumenöl

Gesamt: 714 kJ/171 kcal, 7 g Eiweiß, 10 g Fett, 11 g Kohlenhydrate, 1 g Ballaststoffe, 2 mg Cholesterin

1 Den Joghurt mit Salz und Pfeffer würzen.

2 Die Kräuter, den Zitronensaft und das Öl unterrühren.

Zubereitungszeit: 10 Minuten

Tipp Diese Sauce können Sie als Ersatz für Mayonnaisesaucen verwenden.

Nudel-Gemüse-Salat

Für 1 Portion

150 g Dinkelspaghetti
Salz
2 EL Öl
1 kleiner roter Paprika
1/2 kleine Zucchini
1/2 kleine Möhre
1/4 Kohlrabi
frisch gemahlener Pfeffer
Weißweinessig
2 Blätter Endiviensalat

Gesamt: 3158 kJ/755 kcal, 25 g Eiweiß, 25 g Fett, 106 g Kohlenhydrate, 26 g Ballaststoffe, 0 mg Cholesterin

1 Die Spaghetti in sprudelnd kochendem Salzwasser garen, abschrecken und in wenig Öl schwenken.

2 Das Gemüse putzen und in kleine Würfel schneiden. Kurz in Salzwasser blanchieren und zu den Nudeln geben. Salzen, pfeffern und mit dem restlichen Öl und Essig vermischen.

3 Die Salatblätter waschen, in feine Streifen schneiden und unter den Nudelsalat mischen.

Zubereitungszeit: 30 Minuten

Tipp Diesen Salat können Sie mit jedem Gemüse der Saison beliebig variieren. Auch durch die Wahl der Essigsorten können Sie geschmackliche Akzente setzen.

Gefüllte Gurke

Für 1 Portion

80 g Mehrkorn-Getreide-Mischung (Weizen, Roggen, Gerste, Hafer etc.)
350 ml Gemüsebrühe
1 kleine Salatgurke
1 Tomate
1 EL Schnittlauch
1 EL saure Sahne
Salz
frisch gemahlener weißer Pfeffer

Gesamt: 1435 kJ/342 kcal, 13 g Eiweiß, 5 g Fett, 59 g Kohlenhydrate, 12 g Ballaststoffe, 9 mg Cholesterin

1 Das Getreide in der Gemüsebrühe aufkochen, die Hitze reduzieren und die Körner auf der Warmhaltestufe 20 Minuten quellen lassen.

2 Die Gurke waschen, halbieren und aushöhlen. Die Tomate mit heißem Wasser überbrühen, häuten und in Stücke schneiden. Den Schnittlauch waschen, trockenschütteln und in Röllchen schneiden.

3 Die Getreidegrütze mit der sauren Sahne, den Tomatenstücken und dem Schnittlauch vermengen. Die Füllung mit Salz und Pfeffer würzen und in die Gurke geben.

4 Den Backofen auf 180 °C (Umluft 160 °C, Gas Stufe 2–3) vorheizen. Eine feuerfeste Form leicht einfetten und einen Schuss Wasser zugeben.

5 Die Gurke in die Form legen und etwa 30 Minuten backen.

Zubereitungszeit: 65 Minuten

Vierte Stufe – normale Kost

Nun ist es geschafft! Bei der letzten Stufe sollte man lediglich die Grundregeln einer gesunden Ernährung beachten (siehe Seite 38ff.). Das Wichtigste: Wenig oder kein Zucker, viele Ballaststoffe aus Getreide, Obst und Gemüse, keine süßen Säfte, wenig Fleisch, nicht zu viel Fett – vor allem wenig tierisches Fett – aufnehmen und ausreichende Pausen zwischen den Mahlzeiten einhalten. Wenn man diese Empfehlungen beachtet, kann man für die Ernährung im Alltag Anregungen aus unzähligen Kochbüchern über Vollwertkost schöpfen. Hierzu noch einige Rezepte zum Appetit anregen.

Ab der vierten und letzten Stufe der Ernährungsumstellung können Sie das Essen z. B. mit dem sizilianischen Gemüsetopf wieder richtig genießen.

Sizilianischer Gemüsetopf (Caponata)

1 Die Aubergine waschen, putzen, längs vierteln und grob würfeln. Die Rosinen in warmem Wasser einweichen. Die Gemüsezwiebel abziehen, halbieren und in Scheiben schneiden. Den Sellerie waschen, putzen, dabei die harten Fasern abziehen, und die Stange klein schneiden. Die Tomaten kreuzweise einschneiden, überbrühen, häuten und in Stücke schneiden. Die Peperoni entkernen, waschen und hacken. Die Basilikumblättchen von den Stängeln zupfen, waschen und in Streifen schneiden.

2 Die Auberginenstücke abtupfen. In einem Bräter 2 Teelöffel Öl erhitzen, die Auberginenwürfel darin etwa 5 Minuten braten und wieder herausnehmen. Das restliche Öl erhitzen und den Sellerie darin etwa 2 Minuten andünsten. Die Zwiebel zugeben und kurz mitdünsten. Tomaten, Oliven, Kapern und Hälfte des Basilikums zufügen und für weitere 5 Minuten mitschmoren.

3 Die Rosinen abtropfen lassen und mit den Pinienkernen, den Auberginenwürfeln, der Peperoni, Essig und Brühe in den Bräter geben. Alles vermischen und etwa 10 Minuten einkochen lassen. Mit Salz, Pfeffer und Paprikapulver würzen und das restliche Basilikum darüber streuen.

Zubereitungszeit: 40 Minuten

Tipp Zu diesem sizilianischen Gemüsetopf passt Brot sehr gut dazu. Probieren Sie verschiedene Brotsorten bei ihrem Lieblingsbäcker aus. Wenn Sie nicht gern auf Körner beißen, können Sie auch ein Brot aus vollwertigem Mehl wählen, wie es meist bei Dinkelbrot der Fall ist.

Für 1 Portion
1 Aubergine
20 g Rosinen
1/2 Gemüsezwiebel
1 Stange Staudensellerie
100 g Tomaten
1/2 rote Peperoni
1/2 Töpfchen Basilikum
4 TL Olivenöl
40 g schwarze Oliven
1 TL Kapern
1 EL Pinienkerne
2 EL Weißweinessig
1/8 l Gemüsebrühe
Salz, frisch gemahlener Pfeffer
edelsüßes Paprikapulver

Gesamt: 2255 kJ/538 kcal, 10 g Eiweiß, 41 g Fett, 30 g Kohlenhydrate, 14 g Ballaststoffe, 0 mg Cholesterin

Für 1 Person
80 g Wildreismischung
Salz
100 g Alaskaseelachs
10 g Olivenöl
30 g Zuckerschoten
1 Frühlingszwiebel
50 g Champignons
1/2 kleine Paprikaschote
2 EL Sonnenblumenöl
40 ml Gemüsebrühe
1 TL Sojasauce
Pfeffer
1 Zweig Dill

Gesamt: 2614 kJ/625 kcal, 32 g Eiweiß, 23 g Fett, 72 g Kohlenhydrate, 6 g Ballaststoffe, 85 mg Cholesterin

Seelachspfanne

1 Reismischung in 100 Milliliter kochendes Salzwasser geben und 20 Minuten bei schwacher Hitze leicht kochen lassen.

2 Den Seelachs würfeln und im heißen Olivenöl anbraten. Herausnehmen und beiseite legen.

3 Zuckerschoten waschen und putzen. Frühlingszwiebel waschen, putzen und in dünne Ringe schneiden. Champignons mit einem Küchentuch abreiben und in Scheiben schneiden. Paprikaschoten waschen. Kerne und Trennwände entfernen und die Schote in Streifen schneiden.

4 Sonnenblumenöl erhitzen und Gemüse darin dünsten. Mit Brühe und Sojasauce ablöschen. Zugedeckt 4 bis 5 Minuten garen. Den Seelachs zufügen und ca. 1 Minute mitdünsten. Mit Salz und Pfeffer abschmecken. Die Fischpfanne mit dem fein gehackten Dill garnieren.

Zubereitungszeit: 30 Minuten

Für 1 Person
30 g Reis
Salz
150 g Weißkohl
3 Kirschtomaten
1/2 unbehandelte Zitrone
1 Zwiebel
100 ml Brühe
150 g Kabeljaufilet
1 TL Kapern (aus dem Glas)
Pfeffer
1 EL Paniermehl
1/2 TL gehackter Dill
1 TL Olivenöl

Gesamt: 1558 kJ/372 kcal, 33 g Eiweiß, 7 g Fett, 42 g Kohlenhydrate, 6 g Ballaststoffe, 70 mg Cholesterin

Kabeljau auf Gemüse

1 Reis in Salzwasser in 20 Minuten garen, abtropfen lassen.

2 Den Backofen auf 225 °C (Umluft 200 °C; Gas Stufe 4–5) vorheizen. Den Kohl waschen und grob schneiden. 2 dünne Scheiben der Zitrone abschneiden und den Rest auspressen.

3 Die Zwiebel abziehen und würfeln. Den Fisch mit Zitronensaft beträufeln. Den Kohl mit Brühe, Tomaten, Zwiebel, Zitronenscheiben und Kapern in eine feuerfeste Form geben. Den Fisch salzen und pfeffern und auf das Gemüse legen.

4 Paniermehl, Dill und Öl darüber geben und den Fisch im Backofen ca. 15 Minuten backen.

Zubereitungszeit: 25 Minuten

Hähnchenfilet mit Austernpilzen

Für 1 Person

100 g Hähnchenfilet
2 EL Zitronensaft
1/2 TL frischer Thymian
30 g Reis
Salz
1 Zwiebel
175 g Austernpilze oder Champignons
1 TL Öl
Pfeffer
2 EL saure Sahne

Gesamt: 1554 kJ/369 kcal, 31 g Eiweiß, 12 g Fett, 33 g Kohlenhydrate, 12 g Ballaststoffe, 84 mg Cholesterin

1 Das Fleisch waschen, trockentupfen und mit 1 Esslöffel Zitronensaft beträufeln. Frischen Thymian waschen, trockentupfen und die Blättchen abstreifen. Die Hälfte des Thymians über das Fleisch geben und kurz ziehen lassen.

2 Reis in Salzwasser garen. Zwiebel abziehen und würfeln.

3 Die Pilze ggf. mit einem Küchentuch abreiben und in dünne Scheiben schneiden. Das Hähnchenfleisch abtrocknen und im heißen Öl 5–7 Minuten braten. Mit Salz und Pfeffer würzen und wenden. Pilze, Zwiebel und den restlichen Thymian zufügen und alles ca. 5 weitere Minuten braten. Das Fleisch herausnehmen.

4 Bratensatz mit 5 Esslöffel Wasser und 1 Esslöffel Zitronensaft ablöschen, aufkochen und von der Herdplatte nehmen. saure Sahne unterrühren, mit Salz und Pfeffer abschmecken. Das Fleisch zusammen mit der Sauce servieren.

Zubereitungszeit: 35 Minuten

Bunte Pasta mit Putenbrust

Für 1 Person

1/2 kleine rote Paprikaschote
60 g Chinakohl
1 Frühlingszwiebel
1 EL Olivenöl
Salz und Pfeffer
1 TL Sojasauce
90 g Vollkornnudeln
50 g geräucherte Putenbrust
1 TL frisches Basilikum oder Petersilie

Gesamt: 2003 kJ/479 kcal, 27 g Eiweiß, 13 g Fett, 62 g Kohlenhydrate, 15 g Ballaststoffe, 30 mg Cholesterin

1 Das Gemüse waschen und putzen. Kerne und Trennwände der Paprikaschote entfernen und die Schote in mundgerechte Stücke schneiden. Den Chinakohl in grobe Stücke schneiden, Frühlingszwiebel in Ringe schneiden. Das Gemüse im Olivenöl dünsten und ca. 5 Minuten garen. Mit Salz, Pfeffer und Sojasauce abschmecken.

2 Nudeln in reichlich Salzwasser kochen.

3 Die Putenbrust in Streifen schneiden. Gemüse, Nudeln und Putenbrust mischen. Mit den gehackten Kräutern bestreuen.

Zubereitungszeit: 25 Minuten

Irisches Bauernbrot

Für 1 Brot
350 g Roggenschrot
250 g Weizenmehl (Type 1050)
etwa 2 TL Salz
1 gehäufter TL Backpulver
1/2 l Buttermilch
Außerdem
Fett und Mehl für das Backblech

Gesamt: 8721 kJ/2084 kcal, 76 g Eiweiß, 18 g Fett, 399 g Kohlenhydrate, 62 g Ballaststoffe, 15 mg Cholesterin

1 Den Roggenschrot mit dem Weizenmehl, dem Salz und dem Backpulver vermischen. Die Buttermilch zugießen und alles zu einem glatten Teig verkneten.

2 Den Backofen auf 200 °C (Umluft 180 °C, Gas Stufe 3–4) vorheizen. Ein Backblech einfetten und mit Mehl bestäuben.

3 Den Teig zu einem runden Laib formen und sternförmig etwa 1 Zentimeter tief einschneiden. Auf das Blech setzen und in etwa 50 Minuten backen.

Zubereitungszeit: 20 Minuten + 50 Minuten backen

Tipp Um zu prüfen, ob ein Brot schon fertig gebacken ist, empfiehlt es sich, mit einem Finger auf die Unterseite des Brots zu klopfen. Klingt es hohl, ist das Brot fertig.

Mandelbrot

Für 1 Brot
1 Würfel Hefe (42 g)
500 g Weizenvollkornmehl
2 TL Salz
2 EL Balsamicoessig
100 g Mandelstifte
50 g Sonnenblumenkerne
50 g Kürbiskerne
Außerdem
Fett und Mehl für die Form

Gesamt: 11540 kJ/2757 kcal, 104 g Eiweiß, 119 g Fett, 315 g Kohlenhydrate, 73 g Ballaststoffe, 0 mg Cholesterin

1 Die Hefe in 1/2 Liter lauwarmem Wasser auflösen. Mit Mehl, Salz und Essig in eine Rührschüssel geben und kräftig durchkneten. Von den Mandelstiften, Sonnenblumen- und Kürbiskernen ein paar beiseite legen und die restlichen unter den Teig kneten.

2 Den Backofen auf 220 °C (Umluft 200 °C, Gas Stufe 4–5) vorheizen. Eine Kastenform von 30 Zentimeter Länge ausfetten, mit Mehl ausstäuben und die beiseite gelegten Nüsse und Kerne darin verteilen.

3 Den Teig in die Form füllen und das Brot in 50–60 Minuten backen.

4 Das Brot aus der Form stürzen und auskühlen lassen.

Zubereitungszeit: 25 Minuten + 50–60 Minuten backen

Sachregister

Rezeptregister

Impressum

Redaktion:
Dr. Ute Paul-Prößler

Redaktionsleitung:
Susanne Kirstein

Bildredaktion:
Sabine Kestler

Umschlag und Konzeption:
R.M.E. Eschlbeck/Kreuzer/Botzenhardt

Satz/DTP:
Mihriye Yücel

Druck und Bindung:
Weber Offset, München

Litho:
Lithotronic, Frankfurt

Printed in Germany

Gedruckt auf chlor- und säurearmem Papier

ISBN: 978-3-517-06667-7

9817 2635 4453

Über den Autor

Dr. med. Thomas Weiss ist Facharzt für Allgemeinmedizin, Psychiatrie und Psychotherapie, Naturheilverfahren und Umweltmedizin in Mannheim. Er widmet sich v. a. der ganzheitlichen Behandlung chronisch kranker Patienten. Er ist einer der führenden Fibromyalgie-Spezialisten in Deutschland und hat eine eigene wöchentliche Fernsehsendung »Praxis Dr. Weiss« im Südwest-Fernsehen.

Weitere Informationen

zum Thema »Fibromyalgie« finden Sie in den im Südwest Verlag bereits erschienen Ratgebern sowie im Internet unter www.weiss.de (Erfahrungsaustausch mit Gleichgesinnten, Kochrezepte und Infos zur Krankheit). Fragen an den Autoren: Dr. med. Thomas Weiss, O7,7-8, 68161 Mannheim.

Danksagung

Die Ausarbeitung der Rezepte stammt von meinen Mitarbeiterinnen Rosemarie Kommert und Edeltraut Metzinger. Sie haben viele Wochen gemeinsam gekocht und die besten Rezepte aufgeschrieben. Ich bedanke mich herzlich für diese kreative Leistung, ohne die dieses Buch nicht zustande gekommen wäre.

Hinweis

Das vorliegende Buch ist sorgfältig erarbeitet worden. Dennoch erfolgen alle Angaben ohne Gewähr. Weder Autor noch Verlag können für eventuelle Nachteile oder Schäden, die aus den im Buch gemachten Hinweisen resultieren, eine Haftung übernehmen.

Bildnachweis

Holz Michael, Hamburg: 46, 49, 58, 61, 64, 67, 69, 74, 77, 90; Mauritius, Mittenwald: 18 (Stock Shop), 33 (Haag+Kropp); Medicalpiture, Köln: 27 (medicalart), 28 (Kage); photonica, Hamburg: 17 (Deborah Raven); Südwest Verlag, München: U1 (Antje Plewinski), 4, 37 (Felbert/Eickenberg), 21 (Jump/K. Vey), 34 (Martina Urban), 40 (Simon Katzer), 57, 71, 79, 85 (Freisteller); The Image Bank, München: 8 (Xavier Bonghi), 10 (Garry Gay)

Im Südwest Verlag sind bereits erschienen:

ISBN: 978-3-517-06398-0

ISBN: 978-3-517-06444-4